Kirche anders

Wege zu einer offenen Gemeinde
Erfahrungen und Anregungen

Ulrike Mey
Klaus Neumeier
Tobias Utter

Kirche anders

Wege zu einer offenen Gemeinde
Erfahrungen und Anregungen

Claudius

Bibliografische Information Der Deutschen Bibliothek
Die Deutsche Bibliothek verzeichnet diese Publikation in der Deutschen Nationalbibliografie;
detaillierte bibliografische Daten sind im Internet über http://dnb.ddb.de abrufbar.

Birkerstraße 22, 80636 München
www.claudius.de

Umschlaggestaltung: Werner Richter
Satz: Stahringer Satz GmbH, Ebsdorfergrund
Druck: Schoder Druck, Gersthofen

ISBN 3-532-64805-9

Inhalt

Vorwort von Bill Hybels

Es war 1975: Als kleine Gruppe von Mitarbeiterinnen und Mitarbeitern in der Jugendarbeit fühlten wir uns von Gott geführt, eine neue Gemeinde ins Leben zu rufen. Eine ganz andere Gemeinde. Vorbild war die Urgemeinde der Christenheit, wie sie in der Apostelgeschichte Kapitel 2 beschrieben wird: eine geschwisterliche Gemeinschaft von Menschen, getragen von einer verlässlichen Gemeinschaft mit Gott. Von Anfang an aber war es unser Ziel, dabei nicht unter uns zu bleiben. Wir wollten eine Gemeinde sein für Menschen, die nicht zur Kirche gingen. Da wir nichts anderes hatten, begannen wir in Palatine nördlich von Chicago in einem stundenweise gemieteten Kino, dem „Willow Creek Theater".

Den Namen haben wir beim Umzug nach South Barrington mitgenommen. 1981 konnten wir im Haupt-Auditorium den ersten Gottesdienst feiern. Heute, nach mehr als 25 Jahren stehen wir mit wöchentlich rund 19.000 Besuchern der Wochenendgottesdienste am Beginn des 2. Kapitels: Der Neubau unserer Zentralgebäude ist im Gange. Wichtiger aber als alle Zahlen, Gebäude und Geschichtsdaten ist der Auftrag, den wir damals – wie auch noch heute – spüren: Menschen, die dem Glauben entfremdet sind, zu erreichen und ihnen zu helfen, Gott zu finden und Jesus Christus nachzufolgen.

Dies geschieht vor allem durch die „Offenen Gottesdienste", die wir an jedem Wochenende feiern und zu denen die Mitglieder unserer Gemeinde ihre kirchendistanzierten Freunde, Nachbarn, Bekannten und Arbeitskollegen einladen. Seit den Anfängen im Kino in Palatine erwartet unsere Besucher dort zeitgemäße Musik, Theaterstücke mit alltäglichen Lebenssituationen und eine Predigt, die etwas

mit dem Leben der Menschen zu tun hat. Gott scheint diesen Ansatz zu segnen.
Über diese Arbeit im Nordwesten von Chicago hinaus wurde 1992 die *Willow Creek Association* gegründet. Ihre Aufgabe besteht darin, Gemeinden dabei zu helfen, kirchendistanzierte Menschen zu erreichen und in die Nachfolge Christi zu führen. Dies geschieht durch Konferenzen für Gemeindeleiter und ehrenamtliche Mitarbeiter/innen hier bei uns und in vielen Ländern der Welt, vorrangig auch in Deutschland organisiert durch *Willow Creek Deutschland.*
Heute besteht das Willow Creek-Netzwerk aus 7000 Mitgliedsgemeinden aus mehr als siebzig Denominationen. Unser Ziel ist es dabei nicht, eine neue Kirche oder Konfession zu gründen, sondern Pastoren und Gemeindeleitern zu helfen, für ihre eigene Gemeindearbeit neue Impulse und Wege zu kirchendistanzierten Menschen zu finden und zu gehen. Der Weg der *Willow Creek Community Church* kann dabei nicht das Maß aller Dinge sein. Mit eigenen Höhen und Tiefen, guten und schweren Erfahrungen der vergangenen Jahrzehnte wollen wir aber anderen helfen, ihre Gemeinde zu erneuern: Mein Wunsch ist es, dass jede Gemeinde der Welt eine blühende Gemeinde wird.
Berichtet wird uns immer wieder vom Gegenteil: An vielen Orten ist die Kirche stark in die Defensive gedrängt und die Gemeindeleiter sind entmutigt. Oft ist in einer Gemeinde schon seit Jahrzehnten in geistlicher Hinsicht nichts Bedeutendes mehr geschehen. Es gibt kein geistliches Wachstum, die geistlichen Gaben liegen brach, es gibt wenig Initiativen in punkto Kleingruppen. Es gibt nur wenig Begeisterung, kaum Visionen und keine Öffnung für die kirchendistanzierten Menschen im unmittelbaren Umfeld der Gemeinde. Der Trend ist tatsächlich leider eher der von Niederlagen und einer gewissen Verzweiflung.

Gerade deswegen erleben wir mit großer Freude und Dankbarkeit viele Aufbrüche unter anderem auch in deutschen Gemeinden mit. Eine wesentliche Erfahrung war für mich der Kongress in Oberhausen im November 2002. Es gab freimütiges Lachen über unsere Pannen in Willow, es gab Momente, da hätte man eine Stecknadel fallen hören können. Wir konnten mit Staunen beobachten, wie intensiv die über 6000 Mitarbeiterinnen und Mitarbeiter zuhörten, mitschrieben und über Umsetzungen in der eigenen Gemeinde nachdachten. Besonders erfreulich ist dabei das selbstverständliche und gute Miteinander von Christen aus Freikirchen und Volkskirchen – inzwischen kommen die meisten Kongressbesucher aus den evangelischen Landeskirchen.
Außer durch Kongresse wollen wir die neuen Wege in der Arbeit der Gemeinden durch Publikationen und Arbeitshilfen, durch Tagesseminare und den Internetdienst von *Willow Creek Deutschland* unterstützen. Vor allem sind es inzwischen diverse frei- und volkskirchliche Gemeinden in Deutschland selbst, die seit mehreren Jahren unterwegs sind, ihre Gottesdienste für Kirchendistanzierte zu öffnen und die gesamte Gemeinde zu erneuern. Dies unterstützend begleiten zu dürfen, erfüllt uns mit großer Freude und Dankbarkeit.
Es ist unsere Hoffnung und unser Gebet, dass so auch diese Arbeitshilfe aus der Praxis der Bad Vilbeler Evangelischen Christuskirchengemeinde für andere eine Motivation und Hilfe sein möge, einen neuen Blick für die kirchendistanzierten Menschen im Umfeld der eigenen Gemeinde zu gewinnen, Gottesdienste für sie zu öffnen und die ganze Gemeinde im Geiste Jesu Christi zu erneuern.

Bill Hybels
Hauptpastor der Willow Creek Community Church

Blitzlichter: um was geht es hier eigentlich?

- „Und das in *einer* Minute?" Als Prediger steht Klaus Neumeier auf der Bühne. Die beiden Moderatorinnen lesen die erste Frage vor. Sie wurde nach der Predigt aus dem Publikum gestellt. Eine Minute hat der Prediger für die Antwort Zeit – nicht immer leicht, denn viele Fragen zeigen, wie intensiv sich Besucher auf das Tagesthema eingelassen haben.
- „Versteht man mich jetzt besser?" Eine der üblichen Fragen von Ulrike Mey bei der Predigt. An der Batterie des Funkmikros kann es eigentlich nicht liegen, eingeschaltet ist es auch – im Notfall muss es eben richtig laut und ohne Verstärkeranlage gehen. Trotzdem: *Kirche anders* ist ohne Technik nicht vorstellbar …
- „Das konnten Sie sich jetzt bestimmt nicht alles merken, oder?" Immer mehr geworden sind auch die Ansagen am Ende. Klar: Alles wird mit PC und Beamer seh-freundlich auf die große Leinwand projiziert, aber die Einladungen zu „Happy-(h)our"-Familiengottesdienst, zum Vater-Kind-Wochenende, zum neu gegründeten Hauskreis und zum Gemeindefest vor dem Kurhaus, das ist trotz aller Beschränkung viel zu viel – und zugleich Ausdruck davon, dass sich mit *Kirche anders* im Laufe der Zeit die Gemeinde als ganze verändert hat.
- „Wo haben die bloß die Idee her?" Da sitzen vier Indianer auf der Bühne und sinnen darüber nach, ob es jenseits des Horizonts wohl Menschen gibt – ob sie wohl auch mit den Fingern essen, oder sogar mit Stäbchen …? So war der Theatereinstieg bei *„Oh Gott, oh Gott – gibt's dich überhaupt?"* Die Geschichte von *Kirche anders* ist zugleich eine Geschichte von ganz

viel Fantasie und Kreativität in einem Team, aber auch vom Risiko ungewöhnlicher Ideen und Wege – und immer wieder auch eine Geschichte verunglückter Vergleiche oder Darstellungen!

- „Waren Sie schon öfter hier?“ Bei Kirche anders haben sich im Laufe der Zeit Menschen sehen lassen, die wir als Kerngemeinde sonst nie in Kirchenräumen und Gottesdiensten gesehen hätten – oder die zum Beispiel um ihrer Kinder willen in Kindergarten und Krabbelgottesdienst gehen, aber sonntags um 10 nie zur Orgelmusik ein Kirchenlied singen würden. Und vor dem Beginn von *Kirche anders* am Bistrotisch oder danach im *Café anders* kann man ins Gespräch kommen, wenn man es will.
- „Ach, gestern war wieder *Kirche anders* gewesen …?“ Die DIN-A1-großen Plakate kennt in Bad Vilbel (fast) jede/r – das heißt aber noch lange nicht, dass jede/r schon da gewesen wäre! Eine große Befragung im Jahr 2000 hat gezeigt, wie positiv sich unter anderem durch *Kirche anders* das Image der Gemeinde entwickelt hat. Trotzdem beobachtet nach wie vor die Mehrheit der eingetragenen Gemeindemitglieder das Geschehen aus der Ferne: „Es ist gut, wenn Kirche mit der Zeit geht und sich verändert“ – soweit ist es anerkannt, aber: „Sollte das etwas mit mir zu tun haben?“

Das ist das Ziel von *Kirche anders*: Menschen für Gott, Glaube und Gemeinde zu interessieren. Menschen, die von sich aus nicht kommen würden. Menschen, die nicht kirchlich sozialisiert sind und sonntags morgens an vieles denken, nicht aber an einen möglichen Besuch im traditionellen Gottesdienst. Menschen, die aber nicht gleich abwinken, wenn sie etwas von Kirche hören. Menschen also, die neugierig und offen für Neues geblieben sind. Diese Menschen laden wir zu *Kirche anders* ein.

Kirche anders aber ist nur das Aushängeschild unserer Gemeinde, eigentlich geht es um mehr: **Es geht uns um eine ganze Gemeinde, die besucherfreundlich ausgerichtet ist. Eine Gemeinde mit einer freundlichen, fröhlichen und offenen Atmosphäre. Eine Gemeinde, in der nicht nur Pfarrer/innen vom Glauben an Gott reden. Eine Gemeinde, in der Menschen in Kleingruppen eine (geistliche) Heimat finden können. Eine Gemeinde, in der Glaube und Alltag nicht Gegensätze sind. Eine Gemeinde, …**
Keine Angst, immer wieder sind wir das alles nicht. Wir sind eine ganz normale evangelisch-volkskirchliche Gemeinde in einer Kleinstadt im Rhein-Main-Gebiet. Aber wir sind eine Gemeinde, die sich vor ein paar Jahren auf den Weg gemacht hat, eine solche Gemeinde zu werden. Davon wollen wir in diesem Buch berichten.
Ob die Lektüre etwas für Sie sein kann? Ob es Ihnen weiterhelfen kann, wenn Sie an Ihre eigene Gemeinde denken? **Träumen Sie auch von einer Gemeinde, wie wir sie gerade beschrieben haben, und ahnen Sie, dass Ihre eigene Gemeinde sich davon noch deutlich unterscheidet? Wenn beides zutrifft, dann könnte dieses Buch tatsächlich eine Hilfe für Sie sein.**
Damit es aber keine Missverständnisse gibt, sagen wir es gleich am Anfang: Wir selbst sind an keinem Ziel angelangt, sondern mitten auf dem Weg: Nach wie vor erleben wir immer wieder Enttäuschungen, schwierige Wegstrecken oder sogar Sackgassen. Und: Wir sind eine einzelne Gemeinde in einer bestimmten Stadt mit ihrer Geschichte und mit sehr konkreten Menschen. Unser Weg in unserer Situation kann und darf daher nicht als „Patentrezept" für andere missverstanden werden. Wenn wir aber andere ermutigen können, die eigene Gemeinde mit Glaube, Liebe und Hoffnung zeitgemäß aufzubauen und den Heiligen Geist wirken zu lassen, dann hat dieses Buch sein Ziel erreicht. Allen Pfarrer/innen, Kirchenvorsteher/innen, haupt-

und ehrenamtlichen Mitarbeiter/innen wünschen wir daher beim Lesen viel Freude bei der Vorstellung von *Kirche anders* und dem Gemeindeaufbau in Bad Vilbel – vor allem aber viele gute Gedanken und Gebete für die eigene Gemeinde!

Ein Wort zum Ziel und Aufbau dieses Buches: Es geht uns nicht um ein wissenschaftliches Buch über Liturgie, Homiletik, Ekklesiologie, Kybernetik oder eine Synopse von Gemeindeaufbau-Modellen. Es geht um die Darstellung der konkreten Arbeit in einer konkreten Gemeinde und ausdrücklich sind neben den Theolog/inn/en die Laienmitarbeiter/innen Adressaten dieses Buches. In den Hauptteilen geht es uns um eine möglichst praxisnahe Beschreibung von *Kirche anders*. In den Zwischenteilen wollen wir unter verschiedenen Vorzeichen deutlich machen, dass es letztlich nicht einfach um eine neue Gottesdienstform geht, sondern um die ganze Gemeinde. Wie schon der Titel sagt: *Kirche anders* – eine Gemeinde gezielt verändern.

Danken möchten wir Bill Hybels für sein Vorwort; es unterstreicht die wegweisende Rolle, die Impulse aus Willow Creek auch für unsere Gemeinde gegeben haben, und den bleibend fruchtbaren Austausch im Willow-Netzwerk. Dank an Martina Radgen, die die Passage über KICK geschrieben hat, und an Hartmuth Schröder, der als Leiter des Theaterteams für den entsprechenden Part verantwortlich war. Dank an unsere Landeskirche, die Evangelische Kirche in Hessen und Nassau, die *Kirche anders* seit fast drei Jahren mit einer Projektstelle unterstützt. Vor allem danken wir dem großen *Kirche anders*-Team für die engagierte, kreative und treue Mitarbeit in fast sieben Jahren *Kirche anders*, in denen wir unter uns das Wehen des Heiligen Geistes spüren konnten!

Ulrike Mey, Klaus Neumeier, Tobias Utter
Bad Vilbel im Herbst 2002

1. Warum *Kirche anders* entstand – „so kann es nicht weitergehen!“

- Eine besucherfreundliche Gemeinde braucht keine fromme Vergangenheit, aber einen ehrlichen Blick in ihre Gegenwart und eine große Hoffnung für ihre Zukunft.
- „Kuno Kirchenfern“ ist kein „gottloser Ignorant“, sondern ein von Gott geschaffener und geliebter Mensch, dem wir aber nur alltagsferne Gottesdienstformen anbieten.
- Unsere Hoffnung sind nicht als Erstes große Besucherzahlen (Quantität), sondern Menschen neu für Gott, Glaube und Gemeinde zu interessieren (Qualität).

Die Evangelische Christuskirchengemeinde ist eine ganz normale volkskirchliche Gemeinde. Etwa 10 km nördlich von Frankfurt umfasst sie die Kernstadt von Bad Vilbel. Neben alteingesessenen Familien gibt es – wie im gesamten Rhein-Main-Gebiet – eine große Zahl von Zuzügen. Meist beruflich veranlasst, suchen viele Singles und junge Familien aus dem gehobenen Mittelstand eine neue Heimat. Auch wenn diese Fluktuation Kirchenbindungen nicht stärkt, sind noch immer etwa 40 % der Bad Vilbeler Mitglieder der ev. Landeskirche (ca. 30 % sind katholisch, die restlichen 30 % haben eine andere oder keine Religionszugehörigkeit).
Die Christuskirchengemeinde hat ca. 5000 Mitglieder – auf dem Papier, aber dazu unten mehr … Zur Gemeinde gehört die alte Auferstehungskirche auf dem Friedhof am Rande der Innenstadt und die Christuskirche, die 1962 eingeweiht wurde. Gemeindezentrum, Kindertagesstätte, Diakoniestation, Jugendräume und Pfarrhaus bilden einen Gesamtkomplex rund um die Christuskirche in der Bad

Vilbeler Kernstadt. Die Gemeinde ist vor allem durch seine traditionsreichen diakonischen Einrichtungen in der Bevölkerung bekannt und anerkannt. Zusammen mit inzwischen über 200 kontinuierlichen ehrenamtlichen Mitarbeiter/innen wirken in der Gemeinde drei Pfarrer/innen (dabei ist eine halbe Projektstelle für *Kirche anders*) und eine Gemeindepädagogin. Die Gemeinde ist uniert, hat aber keine besondere konfessionelle oder geistliche Frömmigkeitsform ausgebildet. So haben beispielsweise Pietismus oder Erweckungsbewegung in ihrer Geschichte keine Rolle gespielt. Die Gottesdienste der Gemeinde hatten dementsprechend keine spezielle Prägung und waren nur für eine geringe Anzahl von Gemeindemitgliedern interessant – der Gottesdienstbesuch an einem normalen Wochenende lag vor zwanzig Jahren bei etwa 1,5 % der Gemeindemitglieder, vor zehn Jahren bei nur noch 1 %. Ein missionarisches Selbstverständnis war nicht ausgeprägt.

Im Gottesdienstausschuss wollten wir uns damit nicht zufrieden geben. Über mehrere Jahre hinweg bemühten wir uns, unsere Gottesdienste interessant und ansprechend zu gestalten. Familiengottesdienste, Themengottesdienste, musikalische Gottesdienste, Diskussionsgottesdienste usw. wurden oft mit viel Aufwand gefeiert – aber für Besucher, die das so gar nicht wollten! Es gelang uns kaum, neue Gottesdienstbesucher/innen zu gewinnen, dafür überforderten wir die traditionellen Besucher/innen mit unseren Experimenten gründlich. Die Wirkung war sehr ernüchternd. Offensichtlich ließen sich zum Sonntagsgottesdienst um 10 Uhr auch dann keine neuen Besucher einladen, wenn seine traditionellen Formen verändert wurden. Wem diese aber wichtig waren, dem wurden sie (zumindest punktuell) genommen.

Bedrückend war auch die Zahl der Kirchenaustritte, auch wenn sie nicht überdurchschnittlich hoch war, sank die Zahl der Gemeindemitglieder doch kontinuierlich. Bei einer ge-

nauen Analyse stellte man schnell fest, dass die meisten bereits seit Jahren oder Jahrzehnten keinen Kontakt mehr zur Gemeinde hatten: Über lange Zeit wächst die Distanz zur Kirche und erst am Ende dieses Prozesses steht der Kirchenaustritt. Und auch ein großer Teil der (noch-)Kirchenmitglieder habt schon einmal mit dem Gedanken gespielt, diese zu verlassen. Die abnehmende Bindung an die Kirche wäre vielleicht nicht schlimm, denn letztlich geht es uns ja nicht um die Institution Kirche und ihr Überleben, sondern um den Glauben an Jesus Christus. Doch soweit man dies überhaupt messen kann, muss man feststellen, dass auch die Zahl der Menschen, die ihr Leben auf den Glauben gründen, unabhängig von jeder Kirchenzugehörigkeit, abnimmt. Gleichzeitig geht zudem das theoretische Wissen über Glaubensinhalte beständig zurück.
Kirchenaustritte, die steigende Zahl der kirchendistanzierten Kirchenmitglieder und die Situation des Gottesdienstes führten zu einem Leidensdruck, der uns die Augen öffnete für die Sichtweise von „Kuno Kirchenfern“: Als gedankliche Figur ist Kuno Ausdruck unserer Zielgruppe für *Kirche anders* geworden. Er ist etwa 35 Jahre alt und noch immer Mitglied der Kirche. Allerdings hat er schon seit vielen Jahren (seit seiner Konfirmation) keinen Kontakt mehr zur Gemeinde. Er ist überzeugt, dass die Kirche unmodern ist und überhaupt nichts mit seinem Leben zu tun hat. Er erkennt das soziale Engagement der Kirchen an, aber sonst kann er kaum sagen, warum er noch Mitglied der Kirche ist, vielleicht einfach aus Bequemlichkeit … Nun stellen Sie sich vor, durch irgendeinen Zufall verschlägt es Kuno in Ihren traditionellen Gottesdienst. Was wird er in Ihrer Kirche erleben? Vor zehn Jahren hätte er in unserer Christuskirche nur Folgendes erleben können:

9.45 Uhr: Angelockt durch das imposante Geläut von sechs Kirchenglocken nähert sich Kuno dem Kirchengebäude.

Die Straßen sind leer. Kaum ein Auto zu sehen. (Damals hatte noch nicht einmal der Bäcker geöffnet.) Die große Mehrzahl seiner Altersgenossen schläft zu diesem Zeitpunkt noch oder erfreut sich an einem ausgiebigen Frühstück im Kreise der Familie. Das Kirchengebäude stammt aus den frühen 60er Jahren. Es macht irgendwie einen unfertigen Eindruck.
9.50 Uhr: Kuno betritt den Kirchraum. Die Türen sind schwer zu öffnen. Der Innenraum mit seinen unverputzten Backsteinen und dem blanken Beton versprüht den Charme einer Tiefgarage, wenn auch etwas heller. Von den vorhanden 400 Sitzplätzen stehen Kuno zu diesem Zeitpunkt noch 390 zur Auswahl. Mehr als 40 Besucher werden es nicht. Die meisten verteilen sich im Raum, nur zwei, drei kleine Gruppen bilden sich. Durch seine Anwesenheit hat Kuno den Altersdurchschnitt der Veranstaltung um mindestens 15 Jahre gesenkt.
10.00 Uhr: Ein Mann mit schwarzem Gewand betritt den Raum. Kuno fällt das 16. Jahrhundert ein, als dies vielleicht einmal modern war. Heute sieht man doch eher selten Männer in Kleidern ... Dann setzt Orgelmusik ein. Kuno hat schon lange keine Orgel mehr gehört. Orgel hört man ja auch nur hier in der Kirche. Er hört am liebsten Pop-Musik; Blues oder Ähnliches findet er auch noch erträglich. Aber bei klassischer Musik wechselt er normalerweise den Radiosender. Doch das geht jetzt nicht.
10.05 Uhr: Nach ein paar sympathischen Begrüßungsworten durch eine scheppernde Mikrophon-Anlage singt die Gemeinde das erste Lied. Oh, da hatte Kuno ein Problem: Erstens hatte er vergessen, am Eingang ein Liederbuch mitzunehmen, und zweitens singt Kuno niemals – außer vielleicht in der Badewanne. Soll er jetzt aufstehen und sich ein Gesangbuch holen und dann so tun, als würde er singen?
10.10 Uhr: Es beginnt eine Art Morgengymnastik. Aufstehen, hinsetzen, aufstehen, hinsetzen. Kuno kapiert nicht

ganz, nach welchem System dies alles geschieht. Die Menschen um ihn herum antworten auf Worte des Pfarrers mit Liedern, die Kuno nicht auswendig kennt. Er versteht auch nicht, um wessen Geist es geht („seinen" oder „deinen"?).
10.13 Uhr: Der Pfarrer liest offensichtlich aus der Bibel vor. Kuno versteht nichts. Zwar redet der Pfarrer Deutsch, doch mit so altertümlichen Worten, dass Kuno den Sinn der Worte nicht findet. Dann stehen wieder alle auf und sprechen das Glaubensbekenntnis. Kuno kann den Text nicht auswendig. Er weiß auch nicht, ob er das glaubt: Jungfrau Maria, Reich des Todes, Aufgefahren, Gemeinschaft der Heiligen usw.
10.20 Uhr: Jetzt kommt die Predigt. Doch zuerst wieder ein schwer verständlicher Text aus der Bibel. Der Pfarrer erklärt einiges, wie es vor 2000 Jahren war. Doch was hat das alles mit Kuno zu tun? Der Pfarrer ist bestimmt sehr gescheit, er hat ja immerhin studiert, doch vom richtigen Leben und von der richtigen Arbeit hat er offenbar keine Ahnung. Er redet und redet. Kuno hört nicht mehr zu. Im Radio dauern die einzelnen Redebeiträge allerhöchstens drei Minuten. Doch der Pfarrer hier spricht fast 20 Minuten. Am Schluss weiß Kuno nicht mehr genau, was er am Anfang gesagt hat – und erst recht nicht, welches Ziel seine Rede eigentlich hatte.
10.40 Uhr: Gemeinsames Gebet. Kuno betet sonst nie. Wie geht das mit dem Beten? Das hat ihm eigentlich niemand beigebracht – als sei das alles ganz selbstverständlich … Dann das Vaterunser. Die Worte hat er schon einmal gehört, doch so ganz bringt er sie nicht mehr zusammen. Bei sich denkt Kuno: Will ich das denn, „dein Wille geschehe"?
10.45 Uhr: Am Ausgang steht eine Frau mit Körbchen und sammelt Geld ein. Mist. Kuno hat es zu Hause vergessen. Unauffällig versucht er sich vorbeizuschleichen. Und dann schüttelt ihm der Pfarrer am Ausgang noch die Hand, obwohl sie sich doch heute zum erstenmal gesehen haben.

Was meinen Sie: Wird Kuno wieder in die Christuskirche kommen? Wie würde es Kuno in Ihrem Gottesdiensten gehen?
Wenn Sie jetzt beim Gedanken an Ihren Gottesdienst ein wenig Traurigkeit überfällt, dann kann dies zwei Ursachen haben: Kuno würde sich auch in Ihrer Gemeinde im Gottesdienst nicht gut aufgehoben fühlen. Und: Sie haben zwar Ihren Gottesdienst in der Beschreibung wiedergefunden, aber Sie erleben ihn selbst ganz anders mit Orgelspiel, Liturgie, Bibellesung, Predigt oder Gebeten. Ihnen ist der traditionelle evangelische Gottesdienst vertraut und ein guter Teil Ihres Lebens. Freuen Sie sich darüber! Die Geschichte von Kuno soll Ihnen den traditionellen Gottesdienst nicht schlecht machen. Die Geschichte von Kuno ist nicht die von gottesdienstlich sozialisierten Kirchgängern, sondern die der vielen anderen, denen das Geschehen unserer traditionellen Gottesdienste vollkommen fremd ist. Die Wahrnehmungen von Kuno sind keine allgemeingültige Aussage über den Wert traditioneller Gottesdienste, aber nüchterne und ehrliche Eingeständnisse über seine Begrenzungen, wenn wir gottesdienstferne Menschen für Glaube und Gemeinde interessieren wollen.
Gottesdienstferne Menschen brauchen andere Formen gottesdienstlicher Feiern und christlicher Verkündigung. Unweigerlich folgt dieser Erkenntnis die Frage: Welche? Stellen Sie sich vor, Sie könnten das Zusammentreffen Kunos mit Ihrer Gemeinde steuern. Wohin würden Sie ihn einladen? Haben Sie eine Veranstaltung, in der sich Kuno wohlfühlen würde, in der Sie mit verständlichen Worten Kuno deutlich machen könnten, dass Jesus Christus für sein alltägliches Leben von größter Bedeutung ist? Haben Sie die richtigen gottesdienstlichen Formen in Ihrer Gemeinde? Wir hatten sie nicht.
Der Deutsche Evangelische Kirchentag im Jahre 1995 in Hamburg hat auf sehr unterschiedlichen Ebenen immer

wieder die Frage nach der Zukunft der Kirche gestellt. Es wurden ganz verschiedene Modelle von Kirche diskutiert. Leider fehlte es – wie so oft – den meisten theoretischen Konzepten an praktischen Beispielen der Umsetzung.

Daher wurde die Begegnung unseres ehrenamtlichen Mitarbeiters Tobias Utter mit dem Gemeindekonzept der Willow Creek-Gemeinde aus Chicago zu einem Schlüsselerlebnis für die weitere Entwicklung. Bill Hybels stellte in Hamburg die Grundprinzipien seiner Gemeinde vor. Er lud die deutschen Gemeinden ein, auszuprobieren, was davon auch für ihre Situation hilfreich wäre. Von Anfang an wurde betont, dass man Willow Creek nicht einfach kopieren kann – dazu sind die kulturellen und kirchlichen Voraussetzungen zwischen den USA und Deutschland zu unterschiedlich. Und doch kamen von hier die Anregungen für einen besucherorientierten Gottesdienst mit zeitgemäßen Formen und einer alltagsbezogenen und sehr persönlichen Verkündigung.

Wir wollten diese Anregungen nutzen, weil *wir* uns mit der deprimierenden Bestandsaufnahme unserer Gemeinde und insbesondere unseres Gottesdienstbesuches nicht einfach abfinden wollten und weil wir uns sicher waren, dass auch *Gott* dies nicht tat: Es war und ist unser Auftrag und unser Wille, seine Botschaft des Lebens so weiterzugeben, dass nicht unsere irdischen Formen verhindern, dass sie bei den Menschen unserer Zeit auch ankommt!

An Hecken und Zäunen: eine Gemeinde mitten in der Stadt und mitten im Leben

- Besucherorientiert und offen kann nie eine einzelne Veranstaltungs- oder Gottesdienstform sein, sondern immer nur eine ganze Gemeinde.
- Offenheit kann viele Facetten haben: gottesdienstliche Orte, zeitgemäße Musik und Sprache, Kleidung und vor allem Themen.
- Offenheit zeigt sich am deutlichsten in der Atmosphäre des Umgangs miteinander, an der erkennbar gelebten Freude des Glaubens.

In den meisten Wohnwagen regt sich noch nichts. Nach der langen Samstagnacht auf dem „Vilbeler Markt" hat sonntags um halb neun der neue Tag noch nicht wirklich begonnen. Mit zwei Kleinbussen voller Technik und Requisiten fahren wir beim Autoscooter vor und beginnen mit dem

Aufbau. Seit einigen Jahren feiern wir den Gottesdienst auf dem traditionellen Vilbeler Heimatfest nicht mehr im riesigen Festzelt, sondern im Autoscooter: Auch wenn die meisten der etwa 300 Besucher auf Bierzeltbänken sitzen, freuen sich einige über den ganz besonderen Gottesdienstplatz im Auto, selbst wenn es jetzt nicht fährt. „Die anders Band", ein Posaunenchor der Nachbargemeinde und die „Zufallstreffer" sorgen für die musikalische Gestaltung, die Schaustellerseelsorgerin der Landeskirche wirkt mit, die Predigt wird frei und ohne Talar gesprochen. Anschließend gibt's extra für die Gottesdienstbesucher Frühschoppen und Mittagessen.

Was für dörfliche Gemeinden eine Selbstverständlichkeit ist, muss in der Stadt neu entdeckt und entwickelt werden: Kirche auf der Kirmes. Dies ist einer von drei Open-air-Gottesdiensten, mit denen wir im Kirchenjahr ganz gezielt in die Öffentlichkeit der Stadt gehen. Ganz neu ist der Erntedankgottesdienst in den Streuobstwiesen, seit gut zehn Jahren bereits eine eigene Tradition hat das Gemeindefest vor dem Kurhaus, das mit einem Gottesdienst beginnt und danach mit der Jazzreihe der Kommune gekoppelt ist – eine Zusammenarbeit, die beiden Seiten zugute kommt und neue Zielgruppen erschließt. Mit dem Verlassen der (schützenden) Kirchenmauern geben wir Visitenkarten unserer Gemeinde ab – nicht nur unserer gottesdienstlichen Fröhlichkeit, sondern der gesamten Atmosphäre unseres Miteinanders und unserer Angebotspalette. Infowände und ausliegendes Material sind ein Muss; es gibt mehr Laufpublikum, als man denkt.

Im offenen Rahmen dieser Gottesdienste steht nicht eine problematisierende Predigt im Mittelpunkt, sondern die gemeinschaftliche Feier und eine kurze, aber sehr klare Botschaft, die zum gelebten Christsein herausfordern will. Mit humorvoll einführenden Theaterstücken und einem Abendmahl in spontanen Kreisen haben wir gute Erfahrungen gemacht, weniger mit Chorauftritten – ein Chor muss im Freien schon ziemlich kraftvoll singen können, wenn er überzeugen will.

Außer durch die Gottesdienste und Feste mitten in der Stadt hat sich das Image der Gemeinde vor allem durch eine intensive Pressearbeit (der persönliche Kontakt zu den Lokalredakteuren ist wichtiger als eine gelungene Formulierung in der Pressemitteilung) und die vor gut zehn Jahren neu entwickelte Gemeindezeitung „ZACK" (Zeitung Aus der ChristusKirche) gebildet. ZACK begann vierseitig im DIN-A3-Format und ist inzwischen auf zwölf Seiten angewachsen und erscheint sechsmal im Jahr. Die Ähnlichkeit

Ausgabe 4/2001 ZEITUNG AUS DER CHRISTUS KIRCHE 24.08.2001

zu einer Tageszeitung ist gewollt und erster äußerer Verbindungspunkt zum Alltag der meisten Gemeindemitglieder. Viele Bilder, nicht zu lange Artikel in verständlicher Sprache, Berichte aus dem Gemeindeleben und ansprechend gestaltete Einladungen, die Vorstellung von Gemeindemitarbeitern, Berichte aus der Ökumene, Seniorengeburtstage, Adressen und regelmäßige Veranstaltungen, ein Gemeindekalender; dazu kommt jeweils ein Schwerpunktthema. Dabei ist uns wichtig, dass die eigene Gemeinde im Mittelpunkt der Berichte steht und ZACK so die kostenlose Zeitschrift der Landeskirche („echt") ergänzt. 2001 wurde ZACK von der Landeskirche mit einem Sonderpreis für Gemeindebriefe ausgezeichnet.
Höhepunkt der Öffnung der Gemeinde war die „Besuchsaktion 2000", bei der innerhalb eines Monats 85 % der Gemeindemitglieder zu Hause besucht wurden. Etwa 80 Mit-

arbeiter/innen der Gemeinde hatten sich nach der vorbereitenden Schulung darauf eingelassen, in die Privatsphäre ihrer Vilbeler Mitbürger einzudringen und die Arbeit der Gemeinde vorzustellen. Mit Presse, Plakaten und einer farbigen ZACK-Sonderausgabe war auf die Aktion hingewiesen worden – keiner sollte vom Anruf zur Terminvereinbarung überrascht werden. Auch wenn einige den Besuch ablehnten und andere im Besuchszeitraum nicht erreicht werden konnten, waren die meisten Besuche so positiv, dass die anfängliche Skepsis einiger Besucher/innen sich rasch legte. Ausgerüstet mit einer weiteren Sonder-ZACK, einem Fragebogen zu den Gemeindeaktivitäten und einem eigens erstellten Geschenkbuch „wir sinds" kamen die Besucher/innen zum Gespräch, das in aller Regel den zuvor geschätzten Rahmen von 20 Minuten sprengte. Vor allem durch diese Länge der Besuche wurde die „Besuchsaktion 2000" zu einem gewaltigen Kraftakt des ganzen Mitarbeiterteams. Das sehr gelungene und zeitgemäße Layout des Buches „wir sinds" mit seinen Glaubensberichten von Gemeindemitgliedern und der Vorstellung der Gemeindearbeit verstärkte das Image der Gemeinde. Diese positive Einschätzung der Arbeit wurde vor allem im großen Rücklauf der Fragebögen (etwa 35%) deutlich. Aber auch bislang nie ausgesprochene Negativerfahrungen mit Kirche und ihren Vertreter/innen hatten hier ein Forum gefunden, an den Mann oder die Frau gebracht zu werden. Auch wenn die Besucher/innen daher nicht immer einfache Besuche hatten, überwog bei der Mitarbeiterreflexion klar die Einschätzung, dass die Besuchenden selbst am meisten von der „Besuchsaktion 2000" profitiert haben.
Ohne den Aufbau eines stadtweit bekannten Images als fröhliche, lebensnahe und offene Gemeinde, in deren Gottesdienste und Veranstaltungen man sich auch als Externer wagen darf, hätte der Start einer Gottesdienstreihe „Kirche anders" schwerlich funktioniert.

2. Wie *Kirche anders* entstand – „ob es so weitergehen kann?"

- Neue Verkündigungsformen können nicht ohne Zustimmung und Unterstützung der gemeindeleitenden Gremien und der Gemeindepfarrer/innen starten.
- So früh wie möglich sollten so viele geeignete Mitarbeiter/innen wie möglich gewonnen und in Teams organisiert werden.
- Das entstehende Konzept ist nicht an den eigenen Wünschen auszurichten, sondern an den Bedürfnissen der kirchendistanzierten Zielgruppe.
- Eine gute Kommunikation des neuen Projekts kann eine Polarisierung der Kerngemeinde in „Modernisierer" und „Traditionalisten" vermeiden.
- Schon der Start eines besucherfreundlichen Gottesdienstes sollte als öffentliches Ereignis über die Gemeinde hinaus die Zielgruppe erreichen.
- Die Auftaktveranstaltungen müssen mit größter Sorgfalt geplant, geprobt und durchgeführt werden.

Die **Idee** für ein neues Gottesdienstprojekt entwickelte sich ab dem August 1995. Angesichts der im 1. Kapitel dargelegten ernüchternden Bestandsaufnahme waren sich Tobias Utter und Pfarrer Klaus Neumeier schnell über seine Notwendigkeit einig. In einer der nächsten Kirchenvorstandssitzungen stellte Tobias Utter die Überlegungen vor. Er bat darum, mit Mitgliedern der Kerngemeinde und mit Distanzierten zusammen eine neue Veranstaltungsform zu entwickeln. Zu diesem Zeitpunkt gehörte Utter nicht dem Kirchenvorstand an. Doch weil er bereits lange verantwortlich in der Gemeinde mitarbeitete, wurde ihm vom Kirchenvorstand viel Vertrauen entgegengebracht. Für die Vermittlung von *Kirche anders* in der Gemeindemitarbeiterschaft spielte es eine große Rolle, dass ein Laie mit der Umsetzung beauftragt wurde. Bei drei Gemeindepfarrern bestünde zumindest die Gefahr, dass das neue Projekt an diversen Rivalitäten scheitern würde.

Das **Projektteam** wurde von Tobias Utter und Klaus Neumeier ausgewählt. Eine Mischung aus interessierten Gemeindemitgliedern und „alten Hasen“. Wichtigste Frage war: Wie muss eine Veranstaltung der Gemeinde aussehen, damit sich „Kuno Kirchenfern“ wohlfühlt? Aus Willow Creek gab es ein Video, aus dem deutschen Raum waren uns keine Vorbilder bekannt – die Andreasgemeinde Niederhöchstadt war parallel in den Vorbereitungen für *go special.* Das Ergebnis mehrerer intensiver gemeinsamer Abende und diverser ergänzender Gespräche waren die Elemente von *Kirche anders*, wie sie ausnahmslos bis heute praktiziert werden (siehe Kapitel 3).

Dass ein Projekt wie *Kirche anders* besondere **Finanzmittel** benötigt, war uns bewusst – der Kirchenvorstand war darüber beim ersten Gespräch informiert worden. Ausgaben entstanden bei den drei Auftaktveranstaltungen zusammen für die Musik (Band 2000 DM, Chor 500 DM), für die Werbung – hier vor allem für die Anfertigung der in der geringen Auflage nicht billigen DIN-A1-Plakate (1300 DM, T-Shirts noch einmal 1000 DM), für die Raumgestaltung mit kleinen Bistrotischen, Decken u.Ä. (2600 DM) und für das Ausleihen der Lichtanlage (300 DM). Gleichzeitig machten wir uns klar, dass mit dem hauptamtlichen Einsatz von Pfarrer/in, Organist/in und Küster/in neben Kirchenheizung u.Ä. auch der traditionelle Gottesdienst regelmäßig nicht geringe Geldmittel benötigt und ebenso auf Raum, Technik und andere notwendigen Rahmenbedingungen angewiesen ist. Im Kirchenvorstand war es zu keinem Zeitpunkt strittig, dass durch Spenden, Haushaltsmittel und Rücklagen die notwendigen Gelder zur Verfügung gestellt werden sollten. Das Leitungsteam hat einen sehr sorgsamen Umgang mit dem Geld praktiziert.

Gemeinsam wurden die **Ziele** von *Kirche anders* erarbeitet. Wir waren uns an einig, dass wir an der Verkündigung keine Abstriche machen wollten. Es ging nicht um ein „Evangelium light". Aber wir wollten die Schwelle zum Kontakt mit der Botschaft so niedrig wie möglich legen. Musikalisch sollte Kuno Kirchenfern den Stil wiederfinden, den er aus dem Radio gewöhnt war. Er sollte eine Sprache hören, die er selber benutzte. Wir wollten Kuno gut unterhalten, er sollte sich auf keinen Fall bei uns langweilen. Wir wollten ihn aber auch herausfordern: Kuno sollte am Ende das deutliche Gefühl haben, dass es um sein Leben geht und dass bei *Kirche anders* Themen besprochen werden, die sein Leben verändern können. Gleichzeitig sollte er sich aber nicht vereinnahmt fühlen: Keine gemeinsamen Gebete und Lieder zum Mitsingen, bei denen er wie im traditionellen Gottesdienst seine Unkenntnis vor Augen geführt bekäme. Die Qualität sollte möglichst professionell sein, denn der Maßstab, den Kuno anlegt, ist das Fernsehprogramm. Dilettantisches Improvisieren wegen mangelnder Vorbereitung würde Kuno nicht als sympathischen Zug verstehen, sondern als einen Ausdruck für die Geringschätzung, die ihm entgegengebracht wird. Dabei bilden Professionalität und ehrenamtliches Engagement immer einen Spannungsbogen. Aber man darf mit Ehrenamtlichkeit nicht mangelnde Vorbereitung oder gar Lieblosigkeit entschuldigen.

Bei *Kirche anders* wurden von Anfang an für die einzelne Aufgaben **Teams** gebildet. Die Gaben der Einzelnen sollten optimal zum Einsatz kommen. Überschaubare Aufgabenbereiche sollten es erleichtern, Verantwortung zu übernehmen. Da es für den musikalischen Bereich bei uns keine Band oder Musikgruppe gab, die die gewollte zeitgemäße Musik spielen konnte, wurde für den Block der drei *Kirche anders*-Auftaktveranstaltungen eine kleine Big Band eingeladen – natürlich gegen angemessene Bezahlung. Auf diese Weise stimmte die Atmosphäre und die Besucher/innen wurden musikalisch bestens „abgeholt“. Besonders für die Zeit nach der Predigt wünschten wir uns moderne Lieder mit christlichem Inhalt als Bestätigung der Predigt und stellvertretenden Lobpreis. Der Dekanatsjugendreferent wurde gewonnen, hierfür einen Projektchor zu gründen und zu leiten. Der besonderen Bedeutung der Verkündigung entsprechend wurde diese von Anfang an nicht dem Prediger überlassen (bei den drei Auftaktveranstaltungen übernahm allein Klaus Neumeier die Predigten), sondern ein Team wurde ihm zur Begleitung an die Seite gestellt. So wurden sehr schnell relativ viele Mitglieder der Gemeinde für die Mitwirkung bei *Kirche anders* gewonnen. Ganz gezielt haben wir uns dabei auf Mitglieder unserer Gemeinde beschränkt und nicht geeignete Mitarbeiter/innen aus Nachbargemeinden angesprochen und abgeworben.

Schon im **Namen** *Kirche anders* haben wir das Wort Gottesdienst gemieden. Nicht weil *Kirche anders* kein Gottesdienst wäre, sondern weil mit dem Wort Gottesdienst so viele Vorurteile und feste Erwartungen verbunden sind, denen wir nicht entsprechen wollten. Das Gleiche gilt zwar auch für das Wort „Kirche“, aber schon deutlich diffuser. Und das Wort „anders“ sollte ausdrücken, dass die gängigen Erwartungen nicht erfüllt werden. Anfangs versuchten wir uns noch mit dem umständlichen Titel „Sonntag 17 Uhr – Kirche anders“. Doch die Besucher selbst verkürzten schon bald den Namen auf *Kirche anders.* Eng verbunden mit der Namensgebung war die interne Klärung, ob für uns selbst *Kirche anders* ein „Gottesdienst" oder eine „Veranstaltung" ist. Auch wenn wir uns sehr schnell einig waren, dass mit Gemeinschaft, Gebet, Lobpreis und Verkündigung alle gottesdienstlichen Elemente bei *Kirche anders* vorhanden sind, hingen doch auch im Leitungskreis einige stark an den traditionellen Formen, die für sie maßgebend waren für ihr Gottesdienstverständnis. Ganz gezielt haben wir diese Diskussion schließlich ohne klares Ergebnis abgebrochen: Wir stellten die Einigkeit über Ziele und Formen von *Kirche anders* über eine Definitionsfrage, die für die Zielgruppe letztlich unerheblich war. Tatsächlich wurden wir bis heute ausschließlich von Kircheninternen gefragt, ob denn *Kirche anders* ein „richtiger" Gottesdienst sei.

Besondere Diskussionen gab es um den **Ort** und um die günstigste Zeit für *Kirche anders.* Den Erfahrungen von Willow Creek folgend, einigten wir uns auf den schlichten Gemeindesaal unter der Kirche – ein Umzug in das kommunale Kurhaus o. Ä. haben wir diskutiert, aber aus pragmatischen Überlegungen verworfen: Die Ausrichtung bei uns erleichterte Auf- und Abbau und Generalproben etc. erheblich. Auch waren wir zuversichtlich, dass der Gemeindesaal keine erhöhten kirchlichen Schwellenängste aufbauen würde. Die Öffnung der Gemeinde und ihr Image hatten sich bereits so positiv entwickelt, dass wir es wagten, Kirchenferne direkt in unser Zentrum einzuladen. Anders als Willow Creek aber war uns von Anfang an daran gelegen, mit Bistrotischen und Getränken eine angenehmere Atmosphäre zu schaffen, als in Reihen aufgestellte Stühle dies gemeinhin können!

Die **Zeit**: Nach ebenfalls intensiven Beratungen einigten wir uns für die Veranstaltungszeit auf Sonntag 17 Uhr. Mit Blick auf die Hauptzielgruppe der 30–50-Jährigen gingen wir davon aus, dass viele Familien darunter wären – vor allem mit der eigenen Kindertagesstätte hatten wir hier auch regelmäßigen Kontakt zur Zielgruppe, den wir unbedingt nutzen wollten. Sonntags nachmittags konnte *Kirche anders* so das Wochenende beschließen, ließ den Abend aber für Erwachsene noch frei und stellte Familien nicht vor die Betreuungssituation für die Kinder. Klar war dabei natürlich, dass wir von Anfang an für die größeren Kinder ein Begleitprogramm und für die Kleineren eine Betreuung würden organisieren müssen.

Für die **innergemeindliche Kommunikation** war es sehr wichtig, dass *Kirche anders* vor der öffentlichen Werbung allen Gruppen und Kreisen der Gemeinde ausführlich vorgestellt wurde. Mit einem Filztuch und diversen Flanellbildern (ja, so primitiv haben wir angefangen!) wurde die damalige Mitarbeiterschaft informiert. Intensiv wurde um das Einverständnis oder zumindest die Duldung von *Kirche anders* gerungen. Wichtig war es, die Erkenntnis zu vermitteln, dass hier ein Angebot nicht für die Kerngemeinde entsteht, sondern für die, die bislang nicht kommen. Jeder durfte kommen, doch den Erfolg von *Kirche anders* wollten wir von der Beurteilung durch die Zielgruppe abhängig machen. Durch die intensive Vorstellung des neuen Konzeptes in der Kerngemeinde konnten falsche Polarisierungen vermieden werden: Welche Gottesdienstform ist die an sich bessere? „Modernisierer" gegen „Traditionalisten", „Junge" gegen „Alte". Die Kerngemeinde wurde auf das neue Projekt neugierig gemacht und im Sinne eines sich aufbauenden missionarischen Selbstverständnisses baten wir auch die älteren Gemeindemitarbeiter/innen, sich für *Kirche anders* einzusetzen und Freunde, Nachbarn oder Familienangehörige einzuladen und am besten mitzubringen. Die effektivste Form der Werbung ist die persönliche Einladung! Selbstverständlich ist dies nicht von allen freudestrahlend begrüßt worden. Sehr positiv

wahrgenommen wurde aber von allen das starke Bemühen um die Vermittlung des neuen Projekts, ohne Altes und Traditionelles schlecht zu reden. Eine Polarisierung der Kerngemeinde konnte bis heute tatsächlich vermieden werden.

Für das persönliche Einladen in der Zielgruppe gaben wir als Team allen in der Gemeinde eine Beruhigung mit auf den Weg, die uns selbst unter nicht geringen Druck setzte:

„Wir versprechen euch, dass wir eine richtig gute Veranstaltung machen werden. Keiner soll bei *Kirche anders* sitzen und denken: ‚Wie konnte ich meine Freunde zu diesem Mist mitnehmen?' Vielleicht wird euch selbst *Kirche anders* nicht so gefallen – muss es auch nicht, ihr seid nicht die Zielgruppe, ihr habt und behaltet den normalen Gottesdienst –, aber es wird auf jeden Fall bestmöglich vorbereitet."

Es ist sicher gut nachvollziehbar, dass allein diese intensive Vermittlung des neuen Projektes in der Kerngemeinde zu einer enormen Erwartungshaltung und Neugierde führte! Die **Werbung** tat dann das ihre: So viele Mitbürger/innen in Bad Vilbel wie möglich sollten vom Start von *Kirche anders* etwas mitbekommen. In den zwei Wochen vor dem 25. Februar wurde die lokale Presse mit einer ausführlichen Pressemitteilung bedacht, die mit einem selbst arrangierten Interview mit Tobias Utter und Klaus Neumeier über die Ziele von *Kirche anders* ergänzt wurde. Noch ohne professionelle Unterstützung wurden die DIN-A1-Plakate entworfen, die auf etwa 30 Plakatständern (Genehmigung der Kommune erforderlich) in der gesamten Bad Vilbeler Kernstadt aufgestellt wurden. Mit ZACK, Lokalpresse und Plakaten sollte das persönliche Einladen mit Flyern (gleiche Aufmachung wie die großen Plakate) unterstützt werden: Wozu mich hier mein Nachbar, meine Arbeitskollegin oder die Mutter eines Kinderfreundes eingeladen hat, ist offensichtlich eine richtig große Sache …

Uns war bewusst, dass die Auftaktveranstaltungen beginnend mit dem ersten *Kirche anders* ein voller Erfolg werden mussten. Entgegen einem Konzept „klein anfangen" haben wir uns für ein „think big" entschieden – und zwar bewusst mit Blick auf die Zielgruppe! Der Erlebnis- und Eventkultur unserer Gesellschaft wollten wir zeitgemäß entsprechen und keine Negativ-Klischees von kleinen, laienhaften Kirchenversuchen mit 50er-Jahre-Werbung und Posaunenchor bedienen. Auch hier gab es durchaus interne Diskussionen, ob es für uns als Christen notwendig und angebracht ist, alle gesellschaftlichen Trends mitzumachen. Nach der Einigkeit, dass selbstverständlich nicht alles mitgemacht werden sollte und konnte, begann die eigentliche Diskussion, inwieweit denn ein Einlassen auf den Zeitgeist notwendig ist, um die gottesdienstdistanzierte Zielgruppe *positiv* ansprechen zu können. So schwierig und bedauerlich dies ist: Bei den meisten Distanzierten müssen wir als Gemeinden als Erstes gegen vorhandene Negativklischees arbeiten. Wenn uns dies nicht beim ersten Besuch eines besucherorientierten Gottesdienstes gelingt, werden wir in der Regel keine zweite Chance erhalten: Anders als Kircheninterne kommen die meisten Distanzierten nicht ein zweites Mal, wenn ihre Vorurteile bestätigt wurden. Dieses Wissen um ein spezifisches Merkmal der Zielgruppe erhöht dabei nicht nur den Erfolgsdruck für die Auftaktveranstaltungen, sondern letztlich für jeden besucherorientierten Gottesdienst in allen (hoffentlich) folgenden Jahren, denn jeder Einzelne dieser Gottesdienste soll für Erstbesucher/innen ein Anstoß sein, Vorurteile zu überwinden und wiederzukommen!

In unserer Gemeinde ging es am 25. Februar 1996 (in der Faschingszeit) los mit „Maskerade – auf der Suche nach mir selbst“. Mit einem detaillierten Plan wurden die Helfer/innen eingeteilt für den Kindergottesdienst (vier Jugendmitarbeiter/innen), die Kleinkinderbetreuung in einem separaten Raum (eine Mutter, zwei Jugendmitarbeiterinnen), zwei Gemeindemitarbeiterinnen an der Getränketheke, die Gemeindebibliothek in der Eingangshalle war geöffnet und wurde von einer Bücherei-Mitarbeiterin betreut, jeweils einige meist jüngere Mitarbeiter/innen hatten sich bereit erklärt für die Begrüßung am Eingang, das

Bühnen- und Saalteam zum eventuellen Nachholen von Stühlen, Platzanweisen, Einsammeln der Fragezettel für „Frage und Antwort" und die Verabschiedung nach der Veranstaltung. Inhaltlich entsprach der Ablauf der Premiere bereits dem Muster (letztlich auch eine Art „Liturgie") von *Kirche anders* in den folgenden Jahren: Moderation und Musik im Eingangsteil, dazwischen ein thematisch hinführendes Theaterstück. Dann die Predigt (Klaus Neumeier) mit viel Aktion und Visualisierung auf der Bühne, anschließend ein Instrumentalstück und „Frage und Antwort", Abschluss mit Musik, Gebet und Segen.
Gekommen waren zu dieser Premiere von *Kirche anders* sehr viel Neugierige aus der Kerngemeinde selbst. Deutlich anders als im Sonntagsgottesdienst am Vormittag waren aber zusätzlich viele Besucher/innen aus der eigentlichen Zielgruppe anwesend: Interessierte, aber letztlich distanzierte Menschen zwischen 30 und 50 Jahren. Der Gemeindesaal war voll besetzt, eine Reihe von Stühlen wurde

zusätzlich gestellt. Die Presse war von Anfang an mit viel Interesse dabei. Die Wetterauer Zeitung schrieb über die Premiere: „*Gottesdienst in ungewohnter Umgebung mit Limonade und Knabbersachen, Bigband statt Kirchenorgel, Bistrobestuhlung statt Bänken … das stach den etwa 300 Leuten, die am Wochenende die Veranstaltung von ‚Sonntag 17 Uhr – Kirche anders' in der Evangelischen Christuskirchengemeinde miterlebten, als erstes ins Auge*" (27.2.1996).

Selbst wenn nach unserem eigenen Eindruck noch lange nicht alles rund lief und Moderatoren und Prediger die Nervosität anzumerken war, gab es doch keine richtigen Pannen und war die Resonanz der Besucher/innen außerordentlich gut. Über 100 Fragebögen wurden (zu 60% anonym) zurückgegeben. Nahezu 100% bewerteten *Kirche anders* gut oder sehr gut und wollten wiederkommen. Sehr verteilt waren die Antworten auf die Frage, was den Besuchern denn am besten gefallen habe. Mit nahezu gleicher Verteilung wurden hier „Atmosphäre", „Predigt" und „Musik" bedacht. Ganz viele hatten auch schlicht „alles" geschrieben.

Die frei formulierten Kommentare sind einerseits natürlich zufällig, andererseits sicherlich beispielhaft für die Aufnahme besucherorientierter Gottesdienste. Negativ angemerkt wurde beispielsweise: „So ein Rummel ist für mich kein Gottesdienst", „Wo war die Kinderbetreuung? Kinder störten die Aufmerksamkeit" (tatsächlich hatten trotz der Kinderbetreuung diverse Eltern ihre Kinder mit in den Saal genommen; dies ist bis heute so und angesichts der Haupt-Zielgruppe von uns trotz der gelegentlichen Störungen akzeptiert), „Die Idee ist ok, nur die Kosten evtl. zu hoch?", „Mit Segen und Gebet kann ich nichts anfangen, Glaube an Gott wird von den Besuchern wohl vorausgesetzt" (siehe dazu Kapitel 3.8), „Die Beteiligung der Gemeinde fehlte, hat nur der Pfarrer Antworten in Glau-

bensfragen?“ (die Predigten wurden in den kommenden Jahren auch von Nichtpfarrern gehalten; deutlich wurde hier schon bei der Premiere die Spannung zwischen negativ empfundener „Vereinnahmung“ und positiv erwarteter „Beteiligung“), „Frage und Antwort zu stressig, evtl. leisere Musik zum Nachdenken nach der Predigt“ (die Frage der Musiklautstärke war und ist immer wieder Thema).
Positive Rückmeldungen nach dem Auftakt waren unter anderem: „Sehr gut, macht weiter so“, „Das Altersspektrum ist erfreulich“, „gute Ideen, verständlich umgesetzt“, „Die Predigt war aus dem Leben gegriffen“, „nur so kann Kirche auf Dauer weiter existieren“, „positiv: das Engagement der Gemeindeglieder und deren Freude“, „sehr überzeugend“ – insgesamt also eine klare Bestätigung der Zielüberlegungen des Leitungskreises.
Die beiden Folgeveranstaltungen der Auftaktreihe fanden im sehr geringen Abstand von je zwei Wochen statt – für die Mitarbeiterteams eine enorme Herausforderung, bei der die Rückmeldungen der Premiere kaum in die kommenden Abläufe aufgenommen werden konnten (wie dargestellt, gab es dazu aber auch keine Notwendigkeit bei Grundsatzfragen). Bei den folgenden Themen stand noch einmal die individuelle Lebensgestaltung im Mittelpunkt. Nach dem Komplex „Wer bin ich, was ist mir in meinem Leben wichtig“ bei der Premiere ging es zwei Wochen später um den Umgang mit der eigenen Zeit. Kurz vor Ostern schließlich hieß es „Am dritten Tag aus dem Grab geklaut – auf der Suche nach der Wahrheit der Auferstehung Jesu“ – abgesehen von der Überlänge des Titels provozierte er und machte gleichermaßen Distanzierte neugierig und traditionell orientierte Christen ärgerlich. Hier deutete sich für uns die Gratwanderung an, mit modernen zeitgemäßen Formen und Formulierungen nicht traditionelle Christen vor den Kopf zu stoßen und in der Gemeinde Polarisierungen zu erzeugen, die selten einen reinigenden, klärenden

Charakter haben, sondern meistens zu sehr ungeschwisterlichern Abgrenzungen und Verwerfungen führen. Trotz des Titels ist dies bei uns nicht geschehen (allerdings haben wir, wie beschrieben, auch keine pietistische oder evangelikale Prägung in der Gemeinde).
Bei beiden Folgeterminen war der Saal wiederum gut gefüllt und die Rückmeldungen denen der Premiere sehr ähnlich. Sehr klar konnten hier bereits die Rückmeldungen Kircheninternen und Distanzierten zugeordnet werden: Beispielsweise das verschiedentlich erbetene Mitsingen der modernen christlichen Lieder der „Zufallstreffer" entspringt weitgehend der kirchlich gut sozialisierten Klientel. Dass durchaus auch Christen mit traditionell geprägter Frömmigkeit den Ansatz unterstützten, zeigt folgender Kommentar: „Es ist eine sehr empfehlenswerte Variante unter dem Wort Gottes zusammenzukommen." Besonders beim dritten Mal stand das „weiter so" deutlich im Vordergrund.
Die Mitglieder von Leitungskreis und Teams hatten sich vorgenommen, nach diesen drei Auftaktveranstaltungen gründlich Resümee zu ziehen und danach über eine Fortsetzung zu entscheiden. Auch das Engagement der Mitarbeiter/innen war ausdrücklich für diese drei *Kirche anders* erbeten worden. Angesichts der so guten Resonanz ist es nicht erstaunlich, dass die Frage von Folgeveranstaltungen sehr schnell sehr eindeutig entschieden wurde. Dabei wurden zwei grundsätzliche Entscheidungen getroffen: *Kirche anders* findet nicht statt zwischen Mai und September – eine längere Sommerpause entspricht nicht nur den Gepflogenheiten der Sonntagsgestaltung der Zielgruppe (wer geht an einem strahlenden Sonntagnachmittag freiwillig in einen abgedunkelten Saal?), die Pause ist für die Kreativität, Regeneration und Vorbereitung für die neue Saison auch für die Mitarbeiter sinnvoll, die weiterhin keine Dauerverpflichtung eingehen, sondern sich jeweils für eine Wintersaison zur Verfügung stellen sollten. Zum anderen

gab es Einigkeit darüber, dass ein Turnus von etwa drei Wochen besser ist als die zwei Wochen des Auftaktes. Unter Berücksichtigung von Ferienzeiten etc. gab es so seit der Saison 1996/97 jeweils 7–8 *Kirche anders*-Termine in einer Wintersaison zwischen Oktober und April. Zusammen mit dem Kirchenpräsidenten der Evangelischen Kirche von Hessen und Nassau, Prof. Dr. Peter Steinacker, konnte am 22. Dezember 2002 das 50. *Kirche anders* gefeiert werden – parallel zur Entstehung dieses Buches.

Von Strukturen und Visionen: eine Gemeinde gezielt verändern

- Nur ein geschwisterliches und auch effizient strukturiertes Miteinander aller (haupt- und ehrenamtlichen) Mitarbeiter/innen in der Gemeinde ermöglicht Wachstum.
- Das Wachstum anhand eigener Visionen/Ziele zu reflektieren und zu lenken, ist Aufgabe des gemeindeleitenden Gremiums. Aktionismus ist kein nachhaltiges Wachstum!
- Auch wenn alle örtlichen Bedingungen einmalig sind, darf alles Wachstum durch die Erfahrungen anderer angeregt und begleitet werden und immer wieder neu vom Heiligen Geist erbeten werden.

„Die Gemeinde bin ich" – vermutlich kein Pfarrer würde das sagen, viel zu oft aber sind nach wie vor Selbstverständnis, Arbeitsweise und Strukturen von haupt- und ehrenamtlichen Mitarbeitenden auf Pfarrer/innen hin ausgerichtet. Gerade das „protestantische Pfarrhaus" ist durch die Tradition der vergangenen Jahrhunderte zum Mittelpunkt evangelischer Gemeinde geworden. Das gilt, obwohl das Prinzip „Ehrenamtliche zuerst" seit der Reformation – theologisch gut begründet – ganz andere Schwerpunkte nahe legt.
Bereits in den Jahren vor dem Start von Kirche anders haben wir die Rolle der Laien in der Gemeinde durch verschiedene Veränderungen gestärkt und damit ein neues Selbstverständnis ehrenamtlicher Arbeit eingeleitet. In den Folgejahren wurde dies weiter verstärkt:

- Im Sonntagsgottesdienst wirken Laien bei Begrüßung, Lesung, Fürbitten, Abkündigungen und beim Abendmahl regelmäßig mit.
- Der Kirchenvorstand wird ehrenamtlich geleitet. Er wird als geistliches und inhaltliches Leitungsgremium der Gemeinde gestärkt.

- Die dazu erforderlichen Freiräume werden durch den Ausbau der Ausschussarbeit gewonnen. Die Ausschüsse arbeiten so selbstständig und endgültig wie möglich dem Kirchenvorstand zu und setzen sich nicht nur aus Kirchenvorstandsmitgliedern zusammen.
- Neue Arbeitsbereiche werden nur erschlossen, wenn sich ein Team bildet und verantwortlich erklärt.
- Soweit irgend möglich, übernehmen ehrenamtliche Mitarbeiter/innen die Leitung der Teams, die von Pfarrer/innen theologisch und seelsorgerlich begleitet werden.
- Besonders im Jugendbereich, aber auch bei den erwachsenen Mitarbeiter/innen bekommen Schulung, Fortbildung und Begleitung einen besonderen Stellenwert.

Auf einer Klausurtagung hat der Kirchenvorstand die Veränderung der Arbeits- und Leitungsstrukturen der Gemeinde im Frühjahr 2001 zu einem vorläufigen Abschluss gebracht: Seitdem sind alle Mitarbeiter/innen einem Team zugeordnet, dessen Leiter/in nicht nur die jeweiligen Aufgaben im Blick haben soll, sondern auch Leben und Glaubenswachstum der Teammitglieder. Alle Teams sind einem der 15 Ausschüsse der Gemeinde zugeordnet. Die Ausschüsse setzen sich aus Teamdelegierten zusammen und verantworten im Auftrag des Kirchenvorstandes die Arbeitsbereiche im Gemeindeleben (Gottesdienste, Familie, Jugend, Senioren, Geistliches Wachstum, Kirchenmusik, Ökumene, Diakonie, Kindertagesstätte) und im Verwaltungssektor (Verwaltung, Baufragen, Finanzen, Friedhof, Datei/PC-Arbeit). Der Ehrenamtsausschuss ist zudem zuständig für die Förderung und Begleitung der ehrenamtlichen Arbeit in der Gemeinde. Der Kirchenvorstand wird durch Protokolle über die Arbeit der Ausschüsse unterrichtet und trifft gegebenenfalls notwendige Entscheidungen. Die Hauptamtlichen verteilen sich so effizient wie möglich in die Teams und Ausschüsse und kommen selbst regelmäßig zum Dienstgespräch zusammen (Pfarrer/in, Gemeindepädagogin, Kirchenmusikerin), um die eigene Arbeit zu koordinieren.

Nur durch diese starke Aufteilung hauptamtlicher Kompetenz und Kapazitäten und die nicht nur auf dem Papier theoretisierte Delegation von Leitung an Laien war die Ausweitung der Arbeit der vergangenen Jahre möglich. Dabei hat sich gezeigt, wie wichtig gegenseitiges Vertrauen und geschwisterliche Offenheit sind, um nicht neben- oder gar gegeneinander zu arbeiten. Unerlässlich ist ebenfalls eine intensive Kommunikation zwischen allen Beteiligten. Beides kann nur funktionieren, wenn die allgemeine Atmosphäre in der Gemeinde haupt- und ehrenamtliche Mitarbeiter/innen mit Freude zu Gottesdiensten, Kreisen und Sitzungen kommen lässt. Trotzdem unvermeidlich auftretende Meinungsverschiedenheiten, Missverständnisse und Verletzungen müssen so früh wie möglich geschwisterlich und offen besprochen und bereinigt werden. Gemeinsames Gebet und gegenseitige Vergebung sind dabei das Privileg christlicher Gemeinschaft, das wir lebendig miteinander praktizieren dürfen.

Auf diese Weise ist das Wachstum der Gemeinde nicht mit den Arbeitskapazitäten des Pfarrers oder der Pfarrerin erschöpft, trotzdem aber immer begrenzt. „Wenn man denen den kleinen Finger reicht, nehmen sie die ganze Hand" – natürlich ist es am einfachsten, den vertrauten Menschen mit ihren bekannten Gaben auch die neue Aufgabe ans Herz zu legen (oder ans Bein zu binden). Wachstum erfolgt nur, wenn neue Mitarbeiter/innen gefunden und motiviert werden können. Und auch hier sollte nicht die schmerzlichste Lücke mit der nächstbesten Person gefüllt werden – gerade von Willow Creek gibt es sehr hilfreiches Arbeitsmaterial, mit potenziellen Mitarbeiter/innen zunächst ihre besonderen Gaben zu finden und dann ein geeignetes Team für ihre Mitarbeit.

Das Bild des wild gewachsenen Baumes verdeutlicht einen weiteren Gefahrenpunkt beim Wachsen der Gemeinde: Was in der Natur zwar ihr gemäß ist, kann in der Gemeinde zu Aktionismus, Beliebigkeit und Profilverlust führen. Nicht wirklich reflektiert stand uns in unserer Gemeinde in den

Jahren vor Kirche anders eine lebendige, glaubensstarke, fröhliche Gemeinde vor Augen. Spätestens mit der Einrichtung der unterschiedlichen Gottesdienstformen (siehe Seite 99ff.) sahen wir die Herausforderung, die Visionen und Ziele unserer gesamten Gemeindearbeit zu reflektieren und in zwölf Visionen zu formulieren. Drei Jahre später erkennen wir nun die Notwendigkeit, diese Visionen in Teams und Ausschüssen mit konkreten Entwicklungsschritten zu bedenken und im Kirchenvorstand die kontinuierliche Entwicklung immer wieder zu reflektieren.
Alle intensive Arbeit an Zielen, Strukturen und Wachstum der Gemeinde hat bei uns vor allem zu einer neuen geistlichen Suche nach Gottes Weg für unsere Gemeinde geführt. Das Gebet, gerade auch das gemeinsame Gebet, haben wir wieder neu entdeckt. Auch hierzu wurden wir durch andere ermutigt. Das Wissen um die Bedeutung der Unterstützung befreundeter Gemeinden aus der ganzen Welt hat uns veranlasst, auf verschiedene Weisen unsere Erfahrungen wiederum anderen zukommen zu lassen – nicht zuletzt durch dieses Buch!

3. Was *Kirche anders* ist – kein Patentrezept, aber …

3.1. Thema: dem Alltag auf der Spur

- Eine gute Saison beginnt mit guten Themen.
- Ideen für Themen und ihre Umsetzung sind Teamsache.
- Ein Thema ist gut, wenn es für gottesdienstferne Menschen wichtig ist und wir als Christen/innen dazu etwas zu sagen haben, was für das Leben relevant ist.
- Zu einem guten Thema gehört ein werbewirksamer Titel.

1. Schritt:
Am Anfang ist die Idee für …

- ein Thema, über das man schon immer reden wollte (Vorsicht: oft tut man das auch und jeder weiß längst, was man dazu zu sagen hat).
- die Behandlung einer Frage, die mich schon lange beschäftigt (schön: aber beschäftigt das auch andere?).
- etwas ganz Aktuelles (aber ist das auch noch in zwei Monaten aktuell?).
- ein Thema aus einem interessanten Gespräch beim letzten Seniorengeburtstag, zu dem wir viel zu sagen haben (Achtung: Zielgruppe!).

Kurz gesagt: Am Anfang überlegen wir gemeinsam, worüber wir in *Kirche anders* der nächsten Saison reden wollen! Geplant wird immer eine gesamte Saison im voraus. Nur so können sich die einzelnen Teams langfristig vorbereiten (bei Musikgruppen ist das nötig, für die Theatergruppe wichtig und für jede Vorankündigung unerlässlich). Im Frühsommer vor der kommenden Wintersaison verabreden wir ein Treffen mit einer möglichst bunt gemischten

Gruppe von Mitarbeitenden – hier können auch interessierte Nicht-Mitarbeiter/innen gerne dabei sein. Im Idealfall kommen alle mit ein paar Themen oder Stichworten, die dann gemeinsam besprochen und ergänzt werden. Wir stellen dabei an die Themen im Wesentlichen folgende Fragen:
Haben wir zu dem Thema etwas zu sagen? Wer aus unserem Prediger/innenkreis könnte dies Thema übernehmen? (Ein Thema über die Börse überforderte unsere Pfarrer/in leider ziemlich schnell.)
Können wir wirklich profiliert als Christen und Christinnen etwas sagen? (Dass man bei Aktiengeschäften mit hohen Gewinnchancen ein höheres Risiko eingeht, wussten wir auch schon vorher; der christliche Aussagehalt tendiert gegen null.)
Ist es ein Thema, das Menschen interessiert, die nicht zum inneren Kirchenkreis gehören? (Der Streit um ein gemeinsames Abendmahl zwischen evangelischer und katholischer Kirche löst bei Kirchendistanzierten eher die Frage aus, ob das denn nicht längst üblich sei – mit ihrem Alltag hat es nichts zu tun.)
Steht hinter dem Thema eine wirkliche Frage oder wissen schon bei der Ankündigung alle, was kommt? (Was erwarten Sie für eine Antwort auf ein Gottesdienstthema: ‚Hilft beten'?)
Ist das Thema auch noch aktuell, wenn das Ereignis tatsächlich stattfindet oder haben es dann alle bis zum Überdruss gehört? (Wen interessiert die Olympiade 2004 noch im kommenden Frühjahr?)
Ist ein Thema auf diese Fragen hin zufriedenstellend abgeklopft, halten wir es fest – noch mit Arbeitstitel und grob umrissen. Wenn wir eine Auswahl haben, versuchen wir die Themenbereiche zu variieren: mal ein eher gesellschaftliches Themen, dann ein mehr individualethisches und ein eher kirchlich geprägtes. Wichtig ist, dass in der Ausarbei-

tung jedes Thema den Alltag des Zielpublikums so intensiv wie möglich betreffen soll. Es lässt sich gut über Ausländerfeindlichkeit in der Gesellschaft diskutieren, ohne dass es uns persönlich berührt. Dichter und zugleich schwieriger wird es, dabei über die eigenen Ängste Fremden gegenüber zu sprechen. Da wir als Christen aber auch eine gesellschaftliche Verantwortung haben, scheuen wir auch vor gesellschaftlichen Fragen nicht zurück, achten aber auf eine gute Streuung der drei Bereiche: Individualethik, Glaubensthemen und gesellschaftliche Fragen.
Unsere Erfahrung mit solchen Anfangsrunden ist: Je bunter die Runde und je angenehmer die Atmosphäre, desto eher sprudeln auch die Ideen. Das ist wichtig, denn die Themen begleiten uns die gesamte nächste Saison. Darum arbeiten wir hier nicht unter Zeitdruck. Wer sich zwei Wochen vor dem Start noch schnell sieben Themen überlegen muss, landet selten einen Treffer. Und wer sich und anderen etwas Gutes tun will, trifft sich nicht im unaufgeräumten Gemeindebüro zwischen 19 und 20 Uhr.

2. Schritt:
Die genauen Titel mit werbewirksamem Slogan legen wir erst später fest. Leidvolle Erfahrung hat gezeigt, dass sich ein Thema bei der Bearbeitung manchmal in eine andere Richtung entwickelt, als der Titel verspricht. Das weckt Erwartungen, die wir dann nicht erfüllen. Eine frühe inhaltliche Arbeit am Thema verbunden mit der Titelfindung ist also wichtig. Nach unserer Erfahrung gibt es zwei Möglichkeiten:
In den ersten Jahren haben wir ein gemeinsames Brainstorming veranstaltet: Alle Ideen, Fragen, Aussagen, Bibeltexte, Liedeinfälle, Ideen zur Dekoration etc. wurden systematisch gesammelt und wir haben gemeinsam überlegt, welche Fragen *Kuno Kirchenfern* zu dem Thema haben könnte. Anschließend wurde gemeinsam der Titel jedes

Kirche anders gesucht und festgelegt. Das Gute daran war die Anzahl der Menschen bei einem solchen Brainstorming (bei uns etwa 20). Das Schlechte war die Fülle der Themen (7–8): Bei den meisten war nach spätestens vier behandelten Themen die Kreativität erschöpft. Außerdem kann keiner von uns zu allen Themen etwas sagen (das denken nur manchmal Pfarrer/innen und müssen dann von Ehrenamtlichen gebremst werden). Auch der Zeitaufwand für einen ganzen Tag oder zwei halbe Tage ist für die Gesamtgruppe hier sehr hoch (pro Thema haben wir mindestens eine Stunde veranschlagt).
Seit 2001 bilden wir sofort nach der Themenfestlegung Vorbereitungsgruppen für jedes *Kirche anders.* Das hat den Vorteil, dass ich mich nur mit einem Thema befasse, dass mich selbst auch interessiert, mit dem ich mich beschäftigen will und zu dem ich Fragen oder auch Antworten habe. Diese Vorbereitungsgruppe aus 3–8 Mitarbeiter/innen macht ein Brainstorming zu „ihrem" *Kirche anders* und legt dann den Titel fest.
Der Titel soll ein werbewirksamer Slogan sein: Das macht die Sache ziemlich verzwickt. Er soll Leute animieren zu kommen. Dazu wollen diese ungefähr wissen, worum es geht. Aber natürlich nicht so, dass sie meinen, durch den Titel schon alles zu wissen. Es soll ein Thema andeuten, das unsere Zielgruppe beschäftigt und wozu sie sich von einer Kirchengemeinde Antworten oder Anregungen erhoffen. Ein Titel muss bei uns so kurz sein, dass er auf ein A1-Plakat passt und von den vorbeifahrenden Autofahrern gelesen werden kann. Wenn sie dann „Arbeit ist das halbe Leben" auf dem Weg zur Arbeit lesen und sich während der Fahrt Gedanken darüber machen, womit sie acht Stunden ihres Tages verbringen, ist das unser erster Schritt.
Und was waren nun gelungene Titel? Sie waren so verschieden wie „Klappe zu Affe tot?" – „Bin ich als Christ der letzte Depp?" – „Teuflisch gut: Das Böse ist immer

und überall“ – „Kinder an die Macht – Überlebenshilfen für Eltern“ – „Naturwissenschaft: Als der liebe Gott den Urknall erfand“ und viele andere (siehe Anhang).

3.2. Werbung: ob es wirklich so *anders* ist, wie es klingt?

- Die beste Werbung ist die persönliche Einladung an Nachbarn, Freunde, Verwandte und Arbeitskollegen.
- Ein professionell gestaltetes Logo ist sein Geld wert – wenn man es nicht gespendet bekommt.
- Gerade für besucherorientierte Gottesdienste ist geeignete Image-Werbung fast wichtiger als das konkrete Veranstaltungsplakat.
- Konkrete Plakate und Flyer für eine *Kirche anders*-Veranstaltung müssen sehr übersichtlich sein und neugierig machen.
- Je besser ich der Presse zuarbeite, desto lieber werden meine Artikel gedruckt. Fotos müssen pressefähig sein.
- Alle Imagewerbung und Werbung für die konkrete Veranstaltung unterstützt und untermauert nur die persönliche Ansprache von Menschen aus dem Zielpublikum.
- *Kirche anders* wendet sich an kirchendistanzierte Menschen in Bad Vilbel, nicht an die Region und das Rhein-Main-Gebiet.

„Gottesdienst? – … und wohin mit dem Baby?“, „Gottesdienst? – … ist nur was für alte Leute!“, „Gottesdienst? – … ich mag keine Orgelmusik!“, „Gottesdienst? – … ist nur was für Insider!“, „Gottesdienst? – … immer diese alten Lieder!“, „Gottesdienst? – … ist mir zu früh!“, „Gottesdienst? – … na und?“
So fing es im Winter 1996 an. Es war noch mehrere Wochen bis zur Premiere von *Kirche anders*, aber in der Gemeindezeitung ZACK und auf den DIN-A1-Plakatständern stan-

den alle Negativklischees und schlechten Erfahrungen, die wir unserer Zielgruppe für *Kirche anders* unterstellten. Und ohne die Nennung eines anderen Inhalts oder auch nur des Premiere-Themas stand dabei: „Deshalb am 25. Februar: Sonntag 17 Uhr – Kirche anders".

Ziel dieser Imagewerbung war, die Menschen der Zielgruppe überhaupt aufmerksam zu machen auf das neue Projekt, sie zugleich mit ihren negativen Meinungen zu bestätigen und abzuholen: Wir widersprechen nicht deinen schlechten Erfahrungen, aber wir möchten dir neue und *andere* Erfahrungen anbieten und ermöglichen. Ziel war nicht, über ihre vergangenen schlechten Eindrücke zu diskutieren oder sie zu negieren, sondern mit dem Schlagwort *anders* neugierig zu machen und Klischees zu überspringen.

Nachdem ansonsten über die Werbung zur Auftaktveranstaltung bereits im 2. Kapitel Einiges gesagt wurde, soll hier das dauerhafte Werbekonzept der vergangenen Jahre dargestellt werden. Erster und wichtigster Bereich ist nach wie vor die Ermutigung der gemeindeinternen Christen und der bisherigen Besucher/innen von *Kirche anders*, Nachbarn, Freunde, Verwandte oder Kollegen nicht nur zum nächsten *Kirche anders* einzuladen, sondern sich mit ihnen zu *Kirche anders* zu verabreden – am besten werden sie gleich zu Hause abgeholt! Zu diesem persönlichen Einladen muss Jahr für Jahr wieder Mut gemacht und dafür geworben werden. Sich *einen* Menschen zu suchen und den auf seinem Weg in die Gemeinde (vor allem: auf seinem Weg in die Nachfolge Christi!) zu motivieren und zu begleiten, das erfordert nicht nur Konsequenz und Geduld, sondern auch zeugnishaftes Bekennen des eigenen Glaubens – in einer Gesellschaft mit fast vollständig privatisierter Religiosität und gegen die verbreitete Kirchen-Institutionskritik keine leichte Aufgabe. Gerade deswegen ist die persönliche Einladung aber der erfolgversprechendste Weg und durch die weitere Werbung nur zu ergänzen.

Es bleibt die Imagewerbung bei geeigneten Gelegenheiten, die örtlich differieren kann, ganz gewiss aber überall möglich ist. Wir haben für *Kirche anders* mit den eingangs zitierten „Gottesdienst ist nichts für mich"-Sprüchen und weiterer Imagewerbung aufmerksam gemacht

- im sommerlichen Open-air-Kino, das von hunderten junger Menschen besucht wird,
- beim Festumzug zum Vilbeler Jahrmarkt mit einem Motivwagen und Fußgruppe (wichtig: nicht die große Botschaft ist entscheidend, sondern die Kreativität und der erkennbare Spaß der Gruppe – gerne darf man da auch mal über den hinten auf dem Wagen gefesselten und geknebelten Pfarrer im Talar lachen …),
- mit Kinowerbung im kommunalen Kino,
- mit Flyer-Verteilung und Straßenaktionen freitags morgens vor *Kirche anders* an der S-Bahn nach Frankfurt oder samstags in der Einkaufsstraße,
- mit *Kirche anders*-T-Shirts bei allen möglichen Anlässen.

Selbst die S-Bahn-Werbung unmittelbar zu einem *Kirche anders*-Termin ist dabei in erster Linie der Image-Werbung zuzurechnen. Kaum einer kommt wegen eines anonym in die Hand gedrückten Flyers oder *Kirche anders*-Bonbons zur Veranstaltung; aber sie ist ihm neu in Erinnerung gerufen! Das gilt ebenso für die großen DIN-A1-Plakate an den Ausfallstraßen und im Einkaufsbereich. Das Logo wurde nach den Auftaktveranstaltungen über Beziehungen kostenlos von Vilbeler Fachleuten für uns entworfen und ist mittlerweile in Bad Vilbel zu einem allgemein bekannten Symbol für unsere Gemeinde an sich geworden. Der jeweilige ansprechende Slogan für die *Kirche anders*-Veranstaltung verdeutlicht auch den Nicht-Besuchern: Kirche kann offenbar anders sein, Kirche traut sich in die Öffentlichkeit, Kirche hat erkennbar alltagsbezogene und lebens-

nahe Themen – was sage ich eigentlich dazu, warum war ich da noch nie? Und wenn dann ein Bekannter einen einlädt, ist *Kirche anders* auf jeden Fall nicht unbekannt, selbst wenn man noch nie da war.
Damit die persönliche Einladung leichter ist, gibt es für jedes *Kirche anders* Einladeflyer, die im Layout dem Großplakat entsprechen. Auf der Rückseite gibt es immer einen (hoffentlich!) Interesse weckenden kurzen Text zum Thema und ggf. anderen Highlights des nächsten *Kirche anders.* Bereits beim Ende der letzten Veranstaltung werden am Ausgang die Folgeflyer ausgeteilt.

Von selbst versteht sich, dass die lokale Presse regelmäßig mit Ankündigungen und auch mit selbst verfassten Berichten versehen wird – natürlich mit Fotos (es ist nicht einfach, gute, presse-geeignete Fotos zu machen, auf denen nicht nur Stecknadelköpfe von hinten ohne gute Ausleuchtung zu erahnen sind ...). Heute senden wir das Text- und Bildmaterial meist digital an die Redaktionen, die sich über gut geschriebene, journalistisch aufgebaute Texte sehr freuen, weil sie ihnen keine weitere Arbeit machen. Für uns bietet das die Gewähr, dass nicht irgendein falsch verstandener Unfug in der Zeitung steht und damit vor allem den Nicht-Besuchern ein falsches Bild der Veranstaltung vermittelt.

Mehr als nur eine gemeindeinterne Rückmeldung sind die Bilder und Berichte in der Gemeindezeitung ZACK sowie die Hinweise auf die kommenden Termine. Als Volkskirchenzeitung erreicht ZACK mehr als nur die innersten Gemeindekreise – 4000 Exemplare werden sechsmal im Jahr unter anderem an unsere Haupt-Zielgruppe verteilt. Auch wenn die Aktualität naturgemäß nicht so hoch sein kann wie in der Tageszeitung, wird ZACK doch intensiv gelesen und hat oft in den Haushalten eine sehr hohe Verweildauer.

Gerade die Werbung in ZACK und in der Lokalpresse verdeutlicht die klare Festlegung auf die Zielgruppe in Bad Vilbel. Über Hörfunk und regionale Printmedien könnten durchaus Interessierte aus der Wetterau und dem Rhein-Main-Gebiet angesprochen werden. Andere Beispiele zeigen, dass diese unter Umständen sogar bereit sind, die Gemeinde zu wechseln und das Wachstum vor Ort nachhaltig zu stärken. Gleichzeitig sind gerade dies aber oft engagierte und sehr interessierte Christen, die anderen Gemeinden als Mitarbeiter/innen entzogen werden. Auch wenn diese Suche nach Gemeinden und die sich darin ausdrückende Mobilität zunehmend unse-

rer Gesellschaft entspricht, ist sie kirchentheologisch zu bedenken (was bedeutet der Übertritt engagierter Gemeindemitarbeiter für das Miteinander der Gemeinden z. B. auf Dekanatsebene?), für das eigene Gemeindewachstum nicht unproblematisch (es geht sehr schnell und die Verankerung in der Ortsgemeinde wird brüchig) und entspricht nicht mehr dem Zielgedanken, mit dem besucherorientierten Gottesdienst Kirchendistanzierte anzusprechen.
Dass besondere *Kirche anders-specials* unter Umständen eine besondere Werbung und vielleicht auch im Vorfeld ein Pressegespräch in unseren Räumen erfordern, das versteht sich von selbst – mehr dazu in Kapitel 4.

3.3. Ankommen: wohl fühlen ist (zunächst) alles

- Wer neu zu uns kommen will, muss uns problemlos finden können.
- Auch wer zum erstenmal kommt, soll sich von Anfang an gut orientiert können und sich wohl fühlen.
- Zum Wohlfühlen gehören eine intensive kreative Raumgestaltung und freundliche Menschen, die die Gäste begrüßen.
- Grundsatz: Keiner wird vereinnahmt, keiner wird allein gelassen.

Ankommen ist bei kirchlichen Veranstaltungen gar nicht so einfach. Kennen Sie das auch? Zuerst findet man den Ort kaum („Wozu klare Hinweise, hier kennt uns doch jeder“): Entweder man irrt dümmlich in einem leeren Gemeindezentrum herum, steht vor verschlossenen Kirchen („Ach, das ist immer im Gemeindehaus im Nachbarort“) oder landet im Garten des Pfarrhauses … Endlich angekommen, muss man sich nur noch zwischen Gruppen von

Menschen am Eingang hindurchzwängen, die sich seit Ewigkeiten kennen und ob des Eindringlings ihr Gespräch abrupt beenden. Man stolpert in schlecht beleuchtete Räume und sitzt auf dem falschen Platz („Hier sitzt immer Herr Kleinschmitt, der kommt meist etwas später!“).

Das sind zugespitzte, aber typische Probleme gerade für besucherorientierte Gottesdienste. Natürlich ist Ihre Gemeinde nicht so, aber vielleicht ist es umgekehrt Ihnen schon in bis dahin fremden Gemeinden so ergangen. Das ist alles nicht einladend, was wir aber mit besucherorientierten Gottesdiensten gerade sein wollen. Darum lohnen sich ein paar Vorüberlegungen, wie man es bis dahin fremden Menschen erleichtert, anzukommen und sich wohl zu fühlen.

Das beginnt genau mit dem Ankommen, sprich dem Weg zur Veranstaltung. Unser Gemeindezentrum ist leicht zu finden, trotzdem achten wir auf eine sehr korrekte Ortsbeschreibung bei allen Ankündigungen. Bei uns wird es schwer, wenn man vor dem Gebäude steht. (Das Gemeindenzentrum ist architektonisch offenbar einem Labyrinth nachempfunden.) Darum stehen bei uns am Eingang Menschen, die alle Ankommenden begrüßen: möglichst nett und freundlich und nicht aufdringlich. Sie weisen auf das Kinderprogramm KICK hin und zeigen den Zugang zur Kirche, den Eingang zum Saal mit *Kirche anders*, die Garderobe, die Toiletten, die Kleinkinderbetreuung und alles mögliche weitere.

Je nach Thema gibt es eine Eingangsaktion, die die Besucher/innen einstimmen soll. Das können Trampolin hüpfende Menschen beim Thema „fit for fun“ sein (siehe Bild auf S. 111) oder Engel und Teufel bei „Das Böse ist immer und überall“. Eine solche Eingangsaktion soll aber auch nicht „überfallen“: Es ist freiwillig, sich einbinden zu lassen! Wer mag, kann einfach vorbeigehen (wozu man auch genug Platz haben muss). Sehr bewährt hat sich, mit einem

Körbchen *Kirche anders*-Bonbons die Ankommenden zu empfangen! Ganz gezielt bitten wir die Mitarbeiter/innen, nicht im Eingang in Internen-Grüppchen zusammenzustehen und den Weg zu blockieren – dann lieber vor der Tür im Freien, um damit als lebendiger Hinweis auf den richtigen Ort zu fungieren.

Begrüßung von „Teufel“ Klaus Neumeier und „Engel“ Heike Diebel am Eingang

Unser Saal ist gewollt abgedunkelt. An den Türen stehen Menschen, die bei Bedarf helfen, einen Platz zu suchen. Man sitzt bei uns an zwanzig Bistrotischen oder dahinter in Reihen, wenn man eher separat im Hintergrund sitzen möchte. Die bisweilen peinliche Anfangssituation (alle starren mich an, oder?) überbrücken wir durch Hinter-

grundmusik (zunächst vom Band, etwa zehn Minuten vor dem Beginn live), Infos auf den Tischen/Stühlen (eine Erklärung zu *Kirche anders* und ein Zettel mit Fragen zum Thema) oder der Möglichkeit, sich kostenlos mit Wasser oder Limonade zu bedienen. Manche suchen gleich Kontakt, andere warten erst einmal ab und wollen unbehelligt zuschauen. Sie sollen beides bei *Kirche anders* tun dürfen.
Ziel ist es, die schriftliche oder mündliche Einladung durch eine einladende Atmosphäre fortzuführen. Wir haben dafür überlegt, in welcher Atmosphäre wir selbst einen freien Abend verbringen würden, und versuchen, das für eine kirchliche Veranstaltung umzusetzen. Begrüßt zu werden, sich zurechtzufinden, einen angenehmen Platz zu haben, ein Glas Wasser und den Grad an Kontakt, den man gerade haben möchte – das gehört aus unserer Sicht zu einer solchen besucherfreundlichen Atmosphäre.
Für den Raum und seine Gestaltung gelten dieselben Kriterien. Dies ist vielerorts ein Problem: Kirchenräume sind oft unflexibel, Gemeindehäuser oft zu klein und auch nicht immer zum Wohlfühlen eingerichtet. Vieles daran kann man nicht ändern, einiges zumindest mildern.
Wir feiern *Kirche anders* auch aus solchen Gründen nicht in der Kirche, sondern im Gemeindesaal. Unser Saal ist an sich weder schön noch gemütlich (Testfrage: „Würde ich hier meinen Geburtstag feiern?“), aber man kann ihn gestalten! Er fasst bis zu 300 Menschen (bei konsequenter Reihenbestuhlung) und hat eine Bühne, was für *Kirche anders* sehr wichtig ist. Die Bistrotische sind mit Tischdecken, Kerzen und manchmal Blumen geschmückt. Die Bühne ist grundsätzlich mit Blumen dekoriert, an den Wänden sind Lichterketten angebracht, das Saallicht ist abgedunkelt. Dazu kommen dann die Musik und wenn möglich themenorientierte Dekorationselemente (beim Thema „Keine Zeit“ jede Menge Uhren an den Wänden und Sanduhren

auf den Tischen, als es um Kindererziehung ging, ganz viel Legosteine in allen Größen).
Wenn Sie also zu uns kommen, sollen Sie uns finden, sich im Raum und inmitten dieser Menschen wohl fühlen und auf das Thema eingestimmt sein, wenn es denn anfängt.
Apropos Anfang: Ein schleppender, immer wieder verspäteter Anfang verleitet regelmäßige Besucher/innen zum ebenso regelmäßigen Zuspätkommen („ich verpass' ja noch nichts“) und bedeutet meist ein verspätetes Ende. Das ist aber gerade für Menschen mit Kindern (und manchmal Babysittern) ein Problem und bei einem parallelen Kinderprogramm eine Zumutung für Zeitplanung der Kinder und ihrer Betreuer! Verlässlichkeit beim Beginn und Ende ist aus unserer Sicht auch eine Frage der Höflichkeit. Das bedeutet für uns, diszipliniert zu planen und alles vorbereitet zu haben. Spätestens eine halbe Stunde vor Beginn soll alles fertig sein, was für manche Teams mehr als eine Stunde Vorlaufzeit bedeutet. (Zugegeben: Das klappt nicht immer.)

3.4. Technik: ohne Ton nix los

- Ohne Technik sind zeitgemäße besucherorientierte Gottesdienste kaum möglich.
- Technik ist nie Selbstzweck, sondern unterstützt die inhaltlichen Aussagen.
- Technik muss bedient und zuverlässig und dauerhaft gepflegt werden.

Wenn wir auch die bewegendste Predigt hätten, das wunderbarste Theaterstück, die prächtigste Saaldekoration, aber keine Technik … es würde uns nichts nützen. Im Saal mit 250 Menschen zur dunklen Winterzeit – man würde nichts sehen, nichts hören und ganz sicher nicht wiederkommen!

Deswegen haben wir eine aufwändige Technik (Lichtanlage, Tonanlage, zusätzlich gesamtes Bandequipment, CD-Player, Videokamera, Videorekorder, Videobeamer, PC …) – und die will bedient werden.
Als Erstes muss die Technik aufgebaut werden: niemals Menschen die Technik aufbauen lassen, die es nicht können! Mehr als *ein* Stecker wurde schon mit Gewalt in eine falsche Buchse gepresst … Nur wenn die Richtigen die Technik aufgebaut haben, nur wenn rechtzeitig alles angeschlossen und geprüft wurde, kann beim Beginn der Generalprobe die Technik einsatzbereit sein. Leere Batterien sind eine echte Plage und Wackelkontakte noch schlimmer.
Mit anderen Worten: Wir haben ein eigenes Technikteam und dessen Bedeutung ist kaum zu unterschätzen. Bei uns sind das oft Jugendliche, die Spaß (an den vielen Knöpfen?, nein!) an den Möglichkeiten der Anlage haben. Ein erfahrener Teamleiter ist dann Gold wert. Das wunderbarste Gerät nutzt gar nichts, wenn es niemand bedienen kann. Man braucht immer jemanden, der den Überblick behält und bei Notfällen helfen kann (Hilfe schreien nützt nichts, wenn die Verstärkerendstufe durchbrennt …). Bis heute ist bei uns die angemessene Betreuung der Technik ein Problem – weniger die Bedienung während der Veranstaltungen, sondern die grundsätzliche Verantwortlichkeit für die Pflege, Ordnung, ggf. Reparatur und Ergänzung der gesamten technischen Ausstattung der Gemeinde.
Natürlich stellt sich die Frage, ob denn so viel Technik sein muss. An sich nicht. Manches brauchen wir tatsächlich, an manchem haben wir selbst unsere Freude und sehen die neuen Möglichkeiten zum Beispiel der Visualisierung einer Predigt durch Computerpräsentationen. Auf jeden Fall aber ist Technik kein Selbstzweck. Wir brauchen Mikros, um hörbar zu sein, eine Lichtanlage, weil das normale Saallicht jede Stimmung zerstört, und eine Anlage für die Band, weil

Christian Stein am Tonmischpult

die ausgesprochen hörenswert ist. Mit den Jahren ist immer mehr Technik dazugekommen. Dadurch haben wir viele Freiheiten, Licht- und Toneffekte einzusetzen, und können unseren kreativen Ideen viel Raum lassen. Wir haben aber auch mehr Arbeit, all diese Technik zu warten und einzusetzen. Nutzen, Möglichkeiten und Aufwand müssen abgewogen werden.
In letzter Zeit haben Computeranimationen, die wir über Videobeamer projizieren, vieles erleichtert und die Bildqualität erheblich verbessert. Solche Medien sind auch eine Möglichkeit, die Besucher/innen nonverbal durch den Abend zu führen. Wenn die Moderation am Anfang erklärt, dass zur Predigt Fragen gestellt werden können, dann ist die spätere Einblendung von „Frage & Antwort“ eine hilfreiche und nicht störende Erinnerung. Wir haben dabei fast nebenbei entdeckt (man muss es gestehen), dass auf solche Art schwerhörige oder taube Menschen einem Gottesdienst viel leichter oder überhaupt folgen können.

Der Einsatz der Technik ist neben unserer Grundausstattung (Tonanlage für die Band, Verstärker für die Bühnenmikrophone, Lichtanlage, Videobeamer) je nach Thema und Ideen verschieden. Bei all diesen technischen Spielereien soll aber immer der Grundsatz gelten, dass die Technik unterstützt, was wir vermitteln wollen.
Nicht vergessen werden darf, dass Technik viel Geld kostet. Gerade beim Beginn besucherorientierter Gottesdienste und in kleineren Gemeinden sind hier Kooperationsmöglichkeiten mit anderen und Ausleihen zu bedenken – Videobeamer könnten von Dekanaten angeschafft und zur Verfügung gestellt werden, sie sind aber auch zunehmend in Schulen vorhanden und können vielleicht ausgeliehen werden. Mobile Verstärkeranlagen können durchaus in guter Qualität gebraucht gekauft werden – wenn man Insider in den eigenen Reihen hat, die dies für die Gemeinde beurteilen und abwickeln können.
Werden gemeindeeigene Bands gegründet, erhöht sich der technische Aufwand erheblich – zum einen durch die weitere Tontechnik, zum anderen durch die Instrumente und das zusätzlich für E-Gitarren, Schlagzeug oder E-Piano notwendige Equipment. Auch dies muss wiederum dauerhaft zuverlässig gepflegt werden. Beim Einsatz von Gastbands beim Start besucherorientierter Gottesdienste kann man davon ausgehen, dass sie in der Regel alles mitbringen, was sie benötigen. Auch hier muss aber abgesprochen werden, ob und wie es mit der eigenen Saalanlage gekoppelt werden kann.

3.5. Predigt: wie sag ich's Kuno?

- Unsere Predigten sollen lebensnah sein: Einstieg, Fragestellung und die Sprache orientieren sich an unseren Besucher/innen.

- Die Predigt soll authentisch und persönlich sein, weil Glauben etwas mit dem Leben zu tun hat und das ist nun einmal persönlich.
- Die Predigt soll herausfordernd sein wie die Botschaft Jesu selbst. Durch unsere Predigt will Jesus das Leben der Zuhörer verändern.
- Die Predigt soll mit Worten und Bühnendarstellungen anschaulich sein, damit die verbalen Aussagen sich sinnhaft einprägen können.
- Die Predigt soll lebendig, unterhaltsam und spannend sein – ein Abbild der Lebendigkeit, Freude und Fülle des Lebens mit Gott.
- Das alles gelingt uns nur mithilfe einer Predigtgruppe, die Pfarrer/in und Laien bei der Entstehung der Predigten kritisch und konstruktiv unterstützt.

Eine gute Predigt …
ist bei uns das Ergebnis einer Predigtgruppe. Dort sitzen verständnisvolle, rücksichtvolle und warmherzige Menschen zusammen, die miteinander an einer Predigt feilen, die eine/r vorbereitet hat und auch halten muss.
Das kann dann in etwa so aussehen:
(Theaterstück, anlässlich unserer „5 Jahre *Kirche anders*-Feier“, das Einblick in eine Predigtvorbereitung geben soll)

2 Frauen, 3 Männer sitzen um einen Tisch. Klaus (der Prediger) liest gerade das Ende der Predigt zum Thema: Oh Gott, oh Gott, gibt's dich überhaupt? Neben ihm steht ein großer Korb. Die anderen haben Kopien seiner Predigt vor sich, Stifte neben sich und Stirnrunzeln auf sich – also auf dem Gesicht.
Klaus: (endet) … Und wie findet ihr sie? Die Predigt?
Langes Schweigen
Tobias: Also, hm, na, ja. Ganz gut hat mir gefallen, dass du, dass du … dir so viel Mühe gegeben hast.

Klaus: Es war aber auch das schwierigste Thema, das wir jemals hatten.
Marlene: Ja, das sagst du jedes Mal.
Klaus: Aber diesmal war's wirklich das schwerste. Aber ich bin ganz zufrieden.
Ulrike: Wie schön. Wenigstens einer.
Klaus: Was? Gefällt es euch etwa nicht?
Konrad: Hm, ich habe nicht verstanden, was du mit dem ganzen letzten Teil überhaupt sagen willst.
Klaus: Also, das ist doch völlig sonnenklar. „Die Fragestellung nach der Gottesexistenz ist weniger eine Erkenntnistheoretische, sondern eine existenzielle, betrifft sie doch Fragen der inneren Beziehung zu einer mit der eigenen Existenz in Zusammenhang stehenden Transzendenz. Und selbst wenn man sich auf den erkenntnistheoretischen Denkweg einlässt, ist Gott als kausale erste Ursache des Seins anzunehmen."
Tobias: Sooo?
Marlene: „erkenntnistheoretische" wird klein geschrieben.
Klaus: Äh, ja. Ist doch egal: Die Leute lesen des doch nicht, die hören es doch. (sinkt etwas auf seinem Sessel zusammen)
Marlene: Trotzdem.
Konrad: Ich finde insgesamt, dass du diesen Kram mit der Erkenntnistheorie weglassen kannst. Der ganze Absatz kann weg. Das interessiert niemanden.
Klaus: Waaas? Ich habe sechs Stunden daran gearbeitet. (holt ein Schnuffeltuch aus dem Korb neben sich)
Konrad: Hättest du mal besser für was anderes verwendet.
Tobias: Also, ich finde, dass insgesamt nicht so ganz klar wird, worauf du hinauswillst.
Klaus: Aber das steht doch am Ende. (holt Tempos aus dem Korb)
Tobias: Da steht, dass dich ein Lied beeindruckt. Und? Was sagt das den Leuten?
Ulrike: Ja, und mir fehlt auch noch der rote Faden in der Predigt.

Theaterstück über die Arbeit der Predigtgruppe

Marlene: Diese ganz Seite mit dem, diesem Denkweg …
Klaus: Erkenntnistheoretischer Denkweg … (holt ein Taschentuch aus der Packung)
Marlene: Ja, der Mist muss weg. Das sagt für das Thema gar nichts aus. Wenn du das alles weglässt, merkt man das nicht einmal.
Tobias: Und dann müsste noch die Zielaussage rein. Was willst du den Leuten sagen?
Marlene: Der Anfang muss auch ganz anders werden. Du musst die Leute da abholen, wo sie sind.
Klaus: Wieso abholen? Die sind doch schon da.
Marlene: Ich meine inhaltlich. Fang mit dem an, was die Leute bei dem Thema bewegt.
Klaus: Ich fand den Anfang sehr bewegend.
Tobias: Hm, mag sein, dass es dich bewegt. Aber nicht jeder interessiert sich für den … den Gottesbeweis des Anselm von Canterbury.
Ulrike: Außerdem ist die Predigt insgesamt viel zu lang. 25 Minuten nur zuhören. Da schläft man ein.

Konrad: Stimmt. Aber du musst unbedingt die Diskussion um die Umweltproblematik einbauen. Die Umweltverschmutzung, das Problem mit der Gentechnik und die Erderwärmung fehlen noch völlig.
Ulrike: Genau, und unsere gesellschaftliche Verantwortung den Frauen gegenüber hast du wieder mal vergessen.
Klaus: Aber wie soll ich denn … (schnäuzt sich leicht in das Taschentuch)
Marlene: Streng dich halt ein bisschen an. Und noch etwas: Du musst die Leute viel mehr herausfordern, das ist doch viel zu freundlich.
Tobias: Und du musst die persönliche Relevanz des Themas für jeden Einzelnen noch reinbringen.
Klaus: Aber ich sollte doch kürzen? (schnieft heftiger ins Taschentuch)
Marlene: Ja sicher, das sagen wir doch die ganze Zeit. Schwätz halt nicht immer so viel.
Ulrike: Was mir noch auffällt: Es ist, sehr viel, sagen wir mal: visualisiert.
Klaus: Aber das wollen wir doch immer: anschaulich predigen.
Tobias: Schon, aber es ist vielleicht ein bisschen viel, erst den Film über die Schöpfungserzählung.
Klaus: Der ist nur ganz kurz.
Marlene: Und dann schon wieder deine Urlaubsbilder.
Ulrike: Und muss sich unbedingt Uschi an der Wand abseilen, nur weil du von Elia am Horeb erzählst und das Bergerlebnis auf der Bühne haben willst?
Konrad: Na, der Berg geht ja noch, aber die Windmaschine und der Bunsenbrenner? Das darf unser Kirchenvorstand aber nicht erfahren.
Klaus: Aber ich soll doch anschaulich predigen und Elia sieht einen Sturm, ein Feuer und …
Tobias: Das mit dem Presslufthammer als Erdbebendarstellung geht eh nicht, da verstoßen wir gegen die Lärmschutzbedingungen.

Ulrike: Das können wir alles gar nicht proben, das wird gestrichen.
Klaus: Aber dann lasst mir wenigstens den Sandkasten. (holt sich ein Stofftier aus der Tasche)
Konrad: Sand*kasten* ist gut, zehn Kubikmeter Sand auf die Bühne kippen, nur um anschaulich Gottes Spuren im Sand reinzudrücken. Geht das nicht anders?
Ulrike: Also Klaus, da steckt noch in bisschen Arbeit für dich drin. So, aber jetzt muss ich weg.
Konrad: Oh ja, ich müsste ja auch schon längst weg sein.
Tobias: Na dann, sehen wir uns Sonntag. Ich bin gespannt, Klaus, was du aus der Predigt machst. Nur zu.
Marlene: Und dass du sie morgen bei der Generalprobe ja auswendig kannst.
(alle stehen auf und gehen)
Klaus sitzt alleine da, die Predigt liegt unter ihm, in der Hand ein Stofftier, das er anschaut: Verstehst wenigstens du mich?

Wir zitieren das Theaterstück, weil es neben allem „Lokalkolorit“ und aller Selbstironie ein paar Grundlagen unseres Predigtverständnisses verdeutlichen.
Nicht nur das Thema, vor allem die Predigt soll **lebensnah** sein. Den Anspruch haben zwar alle Prediger/innen, aber in unseren Kirchen herrscht eine seltsame Scheu, vom Alltag zu erzählen. Damit ist nicht die fünfzigste Anekdote der geplagten Pfarrerskinder gemeint. Es geht uns darum, etwas aus dem Alltag der Besucher/innen aufzugreifen. Was den Predigenden bewegt, gilt nicht automatisch für die Besucher/innen. Wir stellen uns *Kuno Kirchenfern* vor und überlegen, was ihn an diesem Thema beschäftigt, wo dies in seinem Leben vorkommt. Wenn sie während *Kirche anders* spontan zum Nachbarn sagen: „Genau so ist es“, haben wir dieses erste Ziel erreicht: Unsere Predigten müssen lebensnah sein, wenn sie einladend und relevant sein wollen.

Lebensnah soll und muss auch die Sprache sein. Wir setzen keine Sachkenntnisse, kein Bibelwissen und vor allem keine kirchlich geprägten Begriffe voraus. Für uns Mitarbeitende ist klar, was wir unter der „Guten Nachricht“, unter „Gnade“ oder „Sünde“ verstehen, für viele andere Menschen gilt dies nicht. Um solche „Kirchensprache“ in einer Predigt zu entdecken, brauchen wir besagte „Predigtgruppe“, weil es den Schreibenden selbst oft nicht mehr auffällt. Wir haben festgestellt, dass wir uns oft gerade dann in vorgeprägte Formulierungen retten, wenn wir im Grund nicht mehr weiter wissen. Unsere Predigten sollen nicht „gelehrt“ sein und unsere Besucher/innen müssen nicht durch eine Predigt erfahren, wie gebildet der/die Prediger/in ist. Die Predigten sollen allerdings fundiert sein, nicht platt und oberflächlich. Die gewollte Tiefe in verständlichen Worten Menschen unserer Zeit zu vermitteln, ist die eigentliche Herausforderung bei der Entstehung der Predigt. Dabei haben wir fest gestellt: Was ich nicht leicht verständlich erklären kann, habe ich in der Regel selbst nicht verstanden.
Beispiel: In der Predigt zum Thema *„Glaube: was bringt's“* grenzt sich der Prediger von der „Werkgerechtigkeit“ ab, also dem Versuch, durch eigene Taten Gottes Gnade zu bewirken. An Beispielen und in Geschichten wird dies zunächst erzählend erläutert und dann zusammengefasst: „Im Glauben an Gott bekomme ich ein Verhältnis geschenkt – Christsein ist nicht zunächst irgendein gutes und richtiges Verhalten, sondern ein Verhältnis, *mein* Verhältnis zu Gott.“ Das klingt anders als: „Im Glauben steht Gottes Gnadengeschenk immer vor den ethischen Forderungen an uns Menschen“.
Eine Predigt soll immer **authentisch** und erkennbar **persönlich** sein. Das ist manchmal eine Gratwanderung. Es geht nicht um uns, wohl aber darum, eigenes Erleben exemplarisch zu berichten. Die Kunst ist, vom eigenen Glauben

und eigenen Erlebnissen so zu berichten, dass es für die Hörenden eine Hilfe ist und für ihr Leben Relevanz bekommt. Vorsicht ist allerdings angesagt, wenn man krampfhaft eine persönliche Geschichte sucht oder gar schnell eine erfindet. Das ist erstens unehrlich und zweitens merken die Zuhörenden es in der Regel instinktiv. Es geht nicht um gute Geschichten, sondern um unser Erleben.

Viele biblische Geschichten arbeiten übrigens genauso, indem sie keine ewig gültigen Wahrheiten in Thesenform aufzählen, sondern berichten, was Menschen mit Gott erlebt haben.

Ein Beispiel von *Kirche anders:* Die Mutter eines behinderten Kindes hielt gemeinsam mit Pfarrerin Ulrike Mey eine Dialogpredigt zum Thema „Du behinderst mich". Die Predigt beginnt mit dem ganz persönlichen Einstieg der Mutter: *„Wir haben in der 19. Schwangerschaftswoche erfahren, dass unsere Tochter mit offenem Rücken auf die Welt kommen würde ... Wir waren sehr geschockt. Dennoch stand für uns fest, dass wir unser Kind behalten würden. Denn unserer Meinung nach schenkt Gott das Leben und er allein hat das Recht es auch wieder zu nehmen.* Dieselbe Aussage bliebe bei der Pfarrerin notwendigerweise theoretisch: *„Wir Menschen haben nicht das Recht, über Tod oder Leben zu entscheiden."*

Natürlich haben wir nicht bei jedem Thema Menschen, die aus unmittelbarer Betroffenheit die Geschichte ihres Glaubens erzählen könnten. Andererseits unterschätzt man leicht die Fähigkeit und Bereitschaft der Mitarbeitenden, über persönliche Glaubenserlebnisse zu berichten. Wir haben es uns in verschiedenen Gottesdienstformen ausdrücklich zum Ziel gesetzt, andere zu diesem zeugnishaften Bekenntnis zu ermutigen und dabei zu unterstützen.

„Ach, schön war's wieder mal" – diese wohligen Seufzer am Ausgang sind uns zwar lieber als „Das war ja total langweilig“, sie sind aber nicht unser Ziel! Zudem liegen „total langweilig“ und „schön war’s“ oft erschrecken nah beieinander. Unsere Predigten sollen nicht „nett“ und „schön“ sein, sondern **herausfordernd** – und das fordert zuerst uns. Wir haben gerade in der Kirche Angst, etwas von Menschen zu fordern, und darum predigen wir oft wohltuend, bestätigend und harmlos. Wir wollen den Leuten etwas Gutes mit auf den Weg geben, sie trösten, bestärken oder ermutigen. Das ist alles wichtig und braucht seinen angemessenen Ort – aber eben nicht *nur* dies. Wir wollen bei *Kirche anders* erreichen, dass die Leute auf dem Weg nach Hause darüber nachdenken, ob sie in ihrem Leben etwas ändern wollen (oder sollten), ob Gottes Botschaft eine Veränderung ihres Lebens nahe legt oder sogar fordert. Das darf nie eine Publikumsbeschimpfung sein oder der vergebliche Versuch, anderen ein schlechtes Gewissen einzureden. Aber wir sehen die biblische Herausforderung der Botschaft Jesu, das behaglich eingerichtete Wohlstandsleben mit seinen eingeschliffenen Denkweisen, seinen gewohnten Verhaltensmustern und dem lethargischen „man müsste …“ deutlich zu hinterfragen. Gerade in einem Gottesdienst, der distanzierte Menschen ansprechen soll, wollen wir etwas verändern. Menschen, die keine Beziehung zu Gott haben, wollen wir dazu Mut machen und Menschen, die von sich sagen, dass sie am Anfang des Glaubensweges stehen, wollen wir auffordern, diesen Weg einen konkreten Schritt weiter zu gehen.

Herausfordernd soll eine Predigt aber nicht nur für die Einzelnen sein. Gesellschaftliche Verantwortung zu übernehmen, heißt für uns auch, Farbe zu öffentlichen Fragestellungen zu bekennen, auch wenn es unangenehm werden kann. In der Predigt zum Thema „Jesus – Mohammed – Buddha. Ist Jesus der einzige Weg?“ hat der Prediger konkret Stellung zum geplanten Bau der Moschee in unserer Stadt bezogen. Seine begründete Position, dass er den Bau befürwortet, hat deutliche Kritik hervorgerufen – und bei *Kirche anders* wird diese auch direkt und laut gesagt. Das muss man aushalten können.

Die verbale Botschaft wird, so gut uns das möglich ist und soweit es uns sinnvoll erscheint, kreativ dargestellt. Wir verstehen mehr, wenn mehrere Sinne angesprochen werden. Eine Aussage, die wir gehört *und* gesehen haben, ist eindrücklicher. Außerdem können wir selbst nur sehr schwer einer durchgehenden Rede von 20–25 Minuten zuhören. Das geht unseren Besucher/innen nicht anders. Deshalb sollen unsere Predigten **anschaulich** sein, d.h. dass die zentralen Aussagen immer auch visuell unterstützt werden. Das kann durch einen eingestreuten Sketch geschehen, eine Aktion auf der Bühne, eine sich im Laufe der Predigt verändernde Skizze oder was auch immer. Wir setzen keinen Presslufthammer ein, um das Erdbeben am Berg Horeb darzustellen. Aber wenn wir ausdrücken wollen, dass der Glaube uns eine andere Sichtweise schenkt,

dann entsteht z. B. eine überdimensionale Brille aus Pappe auf der Bühne. Oder wenn wir den Glauben mit Jogging vergleichen, weil beides ausgeübt werden muss, dann wird ein Weg mit nacheinander erscheinenden Symbolen auf die Leinwand projiziert (siehe Anhang). Die Visualisierung soll kein Selbstzweck sein, sondern die verbalen Aussagen unterstreichen. Bei der Entstehung der Predigt stellt sich daher zunächst die Frage nach ihren Zielaussagen, dann die der angemessenen Visualisierung. Unsere eigenen Versuche waren dabei nicht immer gelungen und sind hier und da über das Ziel hinaus geschossen – nicht jede machbare Visualisierung ist sinnvoll. Unter Umständen kann hier weniger mehr sein, denn jede neue Aktion auf der Bühne macht aus den Zuhörern Zuschauer, die am Ende zwar viel gesehen, aber nichts mehr gehört haben – vor allem keinen Zielgedanken. Gute Erfahrungen haben wir mit einem Visualisierungsschema, das sich als roter Faden durch die Predigt zieht und somit auch schlüssig zu einem Zielbild weiterentwickelt. Beispiele sind die erwähnte Brille des Glaubens, die am Ende aus Bügeln, Gläsern und Fassung besteht, oder der Weg des Glaubens mit diversen Symbolen, die einem auf dem (Glaubens-) Weg begegnen.

Schließlich soll eine Predigt nicht langweilig sein. Sie soll gerade in ihrer Form und der Vortragsweise **unterhaltsam** sein. Eine langweilige Predigt ist nicht ansteckend, nicht herausfordernd und macht auch keine Freude zum Wiederkommen. Kurz: Sie ist alles, was wir nicht erreichen wollen. Wenn man die vorhergehenden Punkte berücksichtigt hat, kann eine Predigt kaum noch langweilig werden. Eine so rücksichtsvolle Predigtgruppe wie im eingangs vorgestellten Theaterstück wird gewiss rechtzeitig vor Langeweile warnen …

Nach der Vorbereitung kommt *Kirche anders.* Wir tragen unsere Predigten frei vor und können sie daher auswendig.

Dabei geht es nicht um ein wörtliches (totes) Zitieren der eigenen Predigt, aber wir haben (hoffentlich) im Kopf, *was* wir sagen wollen. Dann beginnt man zu reden und nicht abzulesen – ein entscheidender Punkt, um unterhaltsam zu sein. Die Sprache verändert sich (die Sätze werden kürzer und weniger kompliziert), sodass man leichter zuhören kann. Der Predigende hat kein Blatt, Pult oder Kanzel vor sich, hinter dem er sich verstecken könnte, und kann einen direkteren Kontakt zu den Besucher/innen herstellen. Dabei kann man auch vom Konzept abweichen. Das alles trägt dazu bei, eine Predigt lebendiger zu machen. Unser Leben, das unserer Besucher/innen und unser Glaube sind nicht langweilig, sondern interessant und spannend. Es wäre schade, wenn wir langweilig davon reden würden.
Sie merken vielleicht, dass man ohne Gruppe eine solche Predigt kaum schreiben kann. Natürlich kommen bei uns keine Schnupftücher wie im Theaterstück beschrieben zum Einsatz, aber zu empfindlich darf der Predigende auch nicht sein: Es ist hart, sich nach langen Stunden der Arbeit eine Frage anzuhören wie: „Was willst du damit sagen?" Die Form der Kritik muss gewahrt bleiben und es ist ein vertrauensvolles Miteinander nötig. Dann aber wird eine Predigt durch die Besprechung in der Gruppe immer besser – wir können nach 50 Predigt-Gruppenprozessen bei *Kirche anders* diese unzweideutige Aussage wagen. Die Bereitschaft, sich auf die Gruppe einzulassen, ist bei uns Voraussetzung für die Prediger/innen. Dies ist gewöhnungsbedürftig. Pfarrer/innen sind es oft nicht gewohnt, dass Predigten kritisiert oder vorher hinterfragt werden und dass man bisweilen auch Grundlegendes ändern muss. Wenn andererseits Ehrenamtliche predigen, haben die Fachleute/Theolog/inn/en eine Scheu zu kritisieren, weil doch so viel Freizeit drinsteckt. Das alles bessert eine Predigt nicht.

Damit ist die Frage angeschnitten: Wer predigt bei *Kirche anders*? Es sind Pfarrer/innen, Prädikant/inn/en oder predigende „Ersttäter". Aus unseren Anforderungen an die Predigt ergibt sich beinahe zwingend, dass nicht nur und vor allem nicht nur *ein* Pfarrer predigt. Das kann eigentlich auf die Dauer nur langweilig werden und der Erfahrungsschatz, den so viele Mitarbeitende mit ihrem Glauben haben, bliebe unentdeckt oder ungenutzt. Bei uns predigen Mitarbeiter/innen aus dem Team, die als Christen/innen zu dem Thema bei *Kirche anders* etwas zu sagen haben. Doch das alleine reicht nicht: Eine frei gesprochene Predigt unterhaltend, lebendig und herausfordernd vorzutragen, ist nicht jedermanns Sache. Auch dies gilt wieder für so genannte Laien und Pfarrer/innen. Hier in geschwisterlicher Offenheit klärende Worte zu finden bzw. weniger Geübten zu einem so guten Ergebnis wie möglich zu verhelfen, ist eine tatsächliche Herausforderung an das Miteinander in Predigtgruppe und Gesamtteam.

3.6. Frage & Antwort: 60 Sekunden bis zum Gong

- Die Besucher werden eingeladen, schriftlich Fragen an den/die Prediger/in zu stellen.
- Die Fragen werden in maximal einer Minute beantwortet.
- Frage & Antwort ist für die Prediger eine besondere Herausforderung, authentisch, lebensnah und präzise zu sprechen.

Was wollte er uns mit seiner Predigt sagen? *Oder:* Was ich schon immer mal von ihm wissen wollte!
In unserem traditionellen Gottesdienst am Sonntagmorgen hat noch kaum jemand spontan etwas zu einer Predigt gefragt oder sich *im Gottesdienst* dazu geäußert. Dazu

ist an einem liturgisch geprägten Ort und im liturgischen Rahmen auch kein Raum. Trotzdem wecken Predigten hoffentlich Gesprächsbedarf. Wie beschrieben, wollen unsere Predigten etwas anrühren, auslösen und provozieren – und als Prediger/in können Sie nie alles ansprechen oder behandeln, was eigentlich zum Thema dazugehören sollte.

Daher kann man bei uns Fragen zur Predigt stellen. Wir bieten an, dass man während der Predigt und beim anschließenden Instrumentalstück Fragen notiert, die danach eingesammelt und von den Moderatoren dem/der Prediger/in gestellt werden.

Sehr bewusst haben wir diese Form der Besucherbeteiligung gewählt und provozieren nicht die schnell peinliche Stille bei der offenen Frage: „Wer möchte dazu jetzt eine Frage stellen?“ Außerdem erspart man allen Beteiligten die Fragen, Anmerkungen, Korrekturen oder gar Zweitpredigten von Zeitgenossen, die immer, gerne und ausführlich etwa sagen, sobald sie ein Mikrophon haben. Bei der schriftlichen Form müssen sich diese kurz fassen und andere trauen sich durch die schriftliche und anonyme Form eher, ebenfalls ihre Fragen zu stellen.

Die Moderation stellt dann die gesammelten Fragen unkommentiert (ganz wichtig!) dem/der Prediger/in. Er/sie hat dann genau *eine* Minute Zeit, um darauf zu antworten. Das ist nicht einfach und erfordert eine hohe Konzentration, Spontaneität und vor allem Authentizität. Spätestens hier kann man sich nicht mehr hinter gelehrten Sätzen verbergen. Die Zeitbegrenzung ist wichtig, damit man nicht seine eigene Predigt ausführlich wiederholt. Und: Was ich nicht in einer Minute beantworten kann, schaffe ich in der Regel auch nicht in fünf Minuten. Daher muss man präzise antworten und ist bei einer Reihe von Fragen noch einmal gezwungen, so lebensnah und praktisch wie möglich zu werden. Etwas nicht beantworten zu können, ist nach unserer Erfahrung nicht schlimm, sofern man das offen sagt.

Bei Frage & Antwort sind eben Ehrlichkeit und Authentizität besonders gefragt. Dennoch ist es für Predigende nicht einfach, sich auf die spontane, unmittelbare Form von Frage & Antwort einzulassen, weil man indirekt eine unmittelbare Rückmeldung zur Predigt bekommt. Die Frage „Was wollten Sie uns damit sagen"? ist nicht gerade bestätigend. An vielen Fragen spürt man zugleich, dass eine Predigt die Menschen auch noch nach *Kirche anders* beschäftigen wird.

Die Resonanz zeigt, dass für die Besucher Frage & Antwort ein sehr wichtiges Element bei *Kirche anders* ist, das ihnen einerseits den anonymen Rahmen belässt, andererseits eine gewisse Interaktion ermöglicht. Es gibt meist mehr Fragen, als in der Zeit von maximal zehn Minuten beantwortet werden können. Es ist Aufgabe der Moderation, damit so sensibel umzugehen, wie sich das für ernsthaft gestellte Fragen gehört. So wenig die Fragen von der Moderation kommentiert werden dürfen, so können sie doch zusammengefasst werden, wo sich dies anbietet.

Sensibel umgegangen werden sollte auch mit der Antwortzeit von einer Minute. Bei unseren ersten *Kirche anders* war es für die (jugendlichen) Mitarbeiter am Gong die größte Freude, den eigenen Pfarrer „abzuwürgen". Dies wird allerdings dem Bemühen um eine ernsthafte Antwort auf eine ernst gemeinte Frage nicht gerecht. Der Gong sollte daher nicht in den Satz erfolgen und man sollte erspüren, ob der Prediger ohnehin gerade zum Ende kommt.

3.7. Moderation: die personifizierte Unauffälligkeit

- Die Moderation führt durch *Kirche anders* – natürlich, persönlich, locker, aber nicht flapsig.
- Die Moderation hat eine hohe Verantwortung für die Atmosphäre, nicht aber für die inhaltliche Entwicklung des Themas.
- Ihre nur scheinbar so unwichtige Rolle macht gute Moderation so schwierig.
- Die Moderation muss die Frage nach Spenden für *Kirche anders* ansprechen, ohne Erstbesucher zur Kasse zu bitten.

Haben Sie sich die Reihenfolge gemerkt? Wissen Sie, was als Nächstes kommt? Das nicht zu wissen, kann nervös und unsicher machen. Wir wollen aber nicht, dass jemand den ganzen Nachmittag angespannt auf seinem Stuhl sitzt, um zu verstehen, was er nun als Nächstes tun oder auf was er sich einstellen soll. Darum gibt es bei uns eine Moderation, um

- die Besucher zu begrüßen und Atmosphäre zu schaffen,
- sie verbal „an die Hand zu nehmen" und durch *Kirche anders* zu führen,
- kurz und knapp ins Thema einzuleiten,
- knapp die jeweiligen Beiträge anzukündigen,
- alle nötigen Informationen zu geben: Frage & Antwort-Zettel, Fürbittzettel …,
- die Fragen an den/die Prediger/in zu stellen,
- die Fürbitten vorzulesen und mit eigenem Gebet und Segen abzuschließen,
- auf Kollekte, weitere Termine, *Café anders* und das nächste *Kirche anders* hinzuweisen,
- Chor und Band, Theatergruppe oder Gästen zu danken,
- überzuleiten.

Die Moderation ist entscheidend für die Atmosphäre im Saal und auf der Bühne verantwortlich. Mit einer Art Entertainment hat sie aber nichts zu tun und sie ist auch kein eigener inhaltlicher Programmpunkt, auch wenn der/die Moderator/in am häufigsten auf der Bühne steht. Die Moderation ist dann gut, wenn man sie kaum bemerkt und sie ihre dienende Funktion zwar sichtbar auf der Bühne, eigentlich aber doch im Hintergrund wahrnimmt – natürlich, persönlich, locker, aber nicht flapsig. Nichts ist für eine Veranstaltung schlimmer als ein angespannter, spürbar nervöser, unsicherer – letztlich überforderter Moderator. Es ist daher ein verhängnisvoller Kurzschluss, irgendwem die Moderation zu überlassen, weil sie ja nicht so wichtig sei. Auch ohne Selbstzweck ist sie für die Gesamtveranstaltung außerordentlich wichtig – nur darf sich der Moderator/die Moderatorin nicht selbst wichtig nehmen! Spätestens bei (irgendwann unvermeidlichen) Pannen zeigt sich die Souveränität der Moderation.

Im Grunde ersetzt die Moderation die Kenntnis der Liturgie eines traditionellen Gottesdienstes. Sie gibt die Sicherheit zu wissen, was einen als Nächstes erwartet. Da wir aber keine Liturgie und keine „Insider“ bei *Kirche anders* haben, brauchen wir eine Moderation, die unseren Besucher/innen diese Sicherheit vermittelt. Nach dem Motto: „Ihr müsst nicht wissen, was wann geschieht, weil ich es euch sage.“ Besonders die Moderation hat eine große Nähe zum Publikum, dessen Anwalt sie beispielsweise bei Frage & Antwort ist. Deswegen ist es gut, wenn die Moderatoren altersmäßig dem Zielpublikum entsprechen und diese Nähe auch vermitteln können. Wichtig ist auch, dass sich die Moderation selbst vorstellt, nicht nur die anderen!

Experimentiert haben wir immer mit der Alternative ein oder zwei Moderator/inn/en. Zwei können sich Bälle zuwerfen und die Lebendigkeit der Veranstaltung auch auf der Bühne verkörpern. Andererseits besteht verstärkt die

Marlene Schröder-Greim mit Zeitung bei der Moderation

Gefahr, dass sie ihren Part zu stark spielen, ein zweites Theaterstück aufführen und den rein dienenden Part der Moderation verlassen. Gerade das gekonnte Zuspielen von Wort-Bällen ist nach unserer Erfahrung nicht leicht und wirkt schnell gekünstelt. Daher moderiert es sich nach unserer Erfahrung für den Regelfall leichter und unauffälliger mit einer Person, die zweckmäßig bei Frage & Antwort und bei den Fürbitten um eine weitere ergänzt wird. Nach 50 *Kirche anders* haben wir natürlich auch regelmäßige Besucher/innen, die vieles längst kennen. Die Moderation muss es darum schaffen, Altbekanntes so kurz zu erläutern, dass es nicht lange aufhält, aber so präzise, dass es auch Menschen sofort verstehen, die noch nie da waren. Zum Glück ist ein Gottesdienstbesuch nicht so kompliziert wie Bedienungsanleitungen. Also: Es geht.

Ein besonders kritisches Thema muss die Moderation bei jedem *Kirche anders* ansprechen: die Finanzen. *Kirche anders* steht bei uns grundsätzlich im ordentlichen Gemeindehaushalt und wird zudem durch gesonderte Spenden oder auch Kasualkollekten unterstützt. Trotzdem sammeln wir auch bei jedem *Kirche anders* für die eigene Arbeit – am besten für ein konkretes Projekt: die elektrische Deckenleinwand auf der Bühne, einen Videobeamer, neue Tische etc. Auf diese Weise sollen die regelmäßigen Besucher/innen in die finanziellen Hintergrundfragen einbezogen werden, soll *Kirche anders* auch finanziell ihre Sache werden. Allen Besuchern soll vermittelt werden, dass natürlich auch *Kirche anders* Geld kostet und die Bereitstellung der Mittel weder leicht noch selbstverständlich ist. Zugleich aber sollen gerade Erstbesucher nicht das Gefühl haben, dass sie – kaum einmal in die Kirche gegangen – sofort zur Kasse gebeten werden. Ganz im Stil von Willow Creek betonen wir daher, dass keiner sich zu einer Spende genötigt sehen möge, dass wir aber vermitteln wollen, an welchen Punkten wir derzeit Gelder brauchen, um *Kirche anders* weiterzuentwickeln.

Für Spenden und für die Rückgabe der Fragezettel stehen an den Türen unsere „Panda-Spendentiere“ (Plastikmülleimer mit Wackeldeckel!), die sich über Fütterung freuen – eine pragmatische Möglichkeit, die zugleich gefällige Einladungen zum Spenden ermöglicht: „Bitte füttern Sie beim Rausgehen noch unsere Pandabären!“

3.8. Gebet: eindeutig ja, aber …

- Neben Lobpreisliedern und der Verkündigung sind es vor allem die Gebete, die *Kirche anders* einen klar gottesdienstlichen Charakter geben.
- Die Gebete bei *Kirche anders* werden von Prediger/in und Moderator/in gesprochen, die Besucher haben die Freiheit, sie gedanklich mitzubeten oder einfach zuzuhören.
- Die Fürbittzettel geben den Besuchern die Möglichkeit, eigene Gebetsanliegen durch die Moderation vorlesen zu lassen und so in *Kirche anders* einzubringen.

Beten ist keine Selbstverständlichkeit, ganz bestimmt nicht für *Kuno Kirchenfern.* Daher fordern wir auch nicht zum Aufstehen auf und gehen nicht davon aus, dass jede/r Besucher/in mit uns beten möchte. Uns aber ist das Gebet wichtig. Oft mündet die Predigt in ein Gebet oder der /die Moderator/in betet zu Beginn. Das ist unterschiedlich und hängt von der Person ab.
Bei *Kirche anders* wollen wir vermitteln, dass Beten uns im Alltag hilft und unserer Beziehung zu Gott entspricht. Unkommentiert und möglichst natürlich, selbstverständlich sprechen so die Mitarbeitenden bei *Kirche anders* ihre Gebete. Auf die Ankündigung „Ich möchte gerne beten“ dürfen die Besucher sich dem laut gesprochenen Gebet gedanklich mitbetend anschließen – und sie dürfen ebenfalls schlicht zuhören, ohne die Worte für sich mit zu vollziehen ohne verbal vereinnahmt zu werden. Traditionelle Einleitungen wie „wir wollen beten“ oder „lasst uns beten“ vermeiden wir daher bewusst. Der beschriebenen Intention entsprechend gibt es bei *Kirche anders* in der Regel keine gemeinsam gesprochenen Gebete wie das Vaterunser.

Auch mit dieser zurückhaltenden Gebetsform wollen wir aber Bedürfnisse einer Reihe von Besuchern aufnehmen, Gott zu sagen, was sie bewegt. Darum gibt es bei *Kirche anders* auch für die Besucher/innen die Möglichkeit, ihre eigenen Gebete vor Gott zu bringen. Sie sind während *Kirche anders* eingeladen, ihre Gebetswünsche aufzuschreiben (Zettel liegen auf Tischen und Stühlen). Gemeinsam mit den Frage & Antwort-Zetteln werden diese Anliegen nach der Predigt eingesammelt und gegen Ende von der Moderation laut gebetet. Die Gebete enthalten persönliche Anliegen, manches Allgemeine wiederholt sich, einiges ist holprig geschrieben, alles spontan und vieles bewegend. Oft ist dies die intensivste Erfahrung in *Kirche anders* und die spürbarste Begegnung mit Gott.

3.9. Musik: mein Musikgeschmack ist das Maß aller Töne

- Livemusik ist für die Atmosphäre bei *Kirche anders* unersetzlich.
- „Die anders Band" entspricht mit guter Rock- und Popmusik den Hörgewohnheiten des Zielpublikums.
- Die wichtigste Aufgabe der „Zufallstreffer" ist der stellvertretende Lobpreis nach der Verkündigung.
- Die Musik ist mehr als alle anderen Programmteile von *Kirche anders* kontinuierlicher Diskussionsanlass. Mehr als beim Theater erwarten Menschen Musik gemäß ihrem persönlichen Musikgeschmack.
- Sowohl eigene Ensembles als auch eingekaufte Livemusik ist sehr kostenintensiv.

Singen Sie gerne? Wenn ja, gehören sie wahrscheinlich zu den „Kircheninsidern". Die meisten anderen Menschen singen selten, eher schief, kaum mit anderen und ganz gewiss keine traditionellen Kirchenlieder! Trotz der deutlich zurückgegangenen Singkultur ist Musik weiterhin für Stimmung und Atmosphäre von größter Bedeutung. Das gilt im säkularen Bereich ebenso wie in der Kirche: Nichts ist quälender als „Laudato si“ mit allen Strophen zur Orgelbegleitung und von wenigen tapferen Mitstreitern gesungen.

In den traditionellen Gottesdiensten verweigern sich die meisten kirchendistanzierten Menschen schlichtweg, sprich: Sie singen nicht mit. Mit *Kirche anders* wollen wir kirchenferne Menschen ansprechen und können darum nicht voraussetzen, dass sie singen können, unsere Lieder kennen und diese mit uns singen möchten. Darum singen wir bei *Kirche anders* in der Regel nicht miteinander.

Allerdings verzichten wir nicht auf die Wirkung, die Lieder und Musik entfalten können. Auch bei uns werden Lieder zum Lobe Gottes gesungen, auch wir möchten durch Musik mitreißen oder unseren Empfindungen Ausdruck verleihen. Manchmal brauchen wir auch ganz pragmatisch Übergänge zwischen einzelnen *Kirche anders*-Bausteinen.

Fest zum *Kirche anders*-Ensemble gehören zwei Musikgruppen: die „Zufallstreffer“ und „Die anders Band“. Auch wenn beide nicht in jedem *Kirche anders* dabei sind und hier und da außerhalb von *Kirche anders* auftreten, sind beide sowohl durch ihre Entstehung als auch durch ihr Selbstverständnis jeweils einzelne Teams von *Kirche anders*.

Der Name „Zufallstreffer“ ist nicht ihr Programm und auch nicht mehr Realität – selbst wenn der Name von anfänglichen Zufalls-Treffer-Erlebnissen kommt! Aber auch mit deutlich entwickelter musikalischer Leistung legen die „Zufallstreffer“ keinen Wert auf musikalische Höchstleistungen. Den etwa 15–20 jüngeren Erwachsenen geht es darum, durch Lieder den eigenen Glauben zu besingen, Freude und Dank Gott gegenüber zum Ausdruck zu brin-

Die „Zufallstreffer" beim Auftritt beim Gemeindefest

gen. Manche Lieder greifen das Thema noch einmal von einer speziellen Seite auf und andere bringen eine Predigt komprimiert auf den Punkt (*Beispiel: Die Predigt zum Thema „Du behinderst mich" mündete in das Lied des Chores „Du bis du" („Vergiss es nie"), in dem alle Predigtaussagen enthalten sind*). Andere sind als Lobpreis die stellvertretende Antwort der Gemeinde auf die Predigt – emotional und noch einmal ganz anders sinnhaft als die Predigt. Stilistisch ist das Repertoire konzentriert auf das moderne christliche Liedgut mit Schwerpunkt neuer Lobpreislieder (oft aus den USA/Willow Creek) und Gospel. Wer mitsingen möchte, ist dazu herzlich eingeladen (die Liedtexte werden in der Regel auf die Bühnenleinwand projiziert). Wer nicht mitsingen möchte, kann das genauso gerne tun und dann eben dem Chor zuhören.
Die Band von *Kirche anders* heißt entsprechend: *Die anders Band*, kurz DaB. Sie spielt die Musik, die ein Großteil

unserer Besucher/innen auch privat zu Hause gerne hört: Eine Vielzahl bekannter Lieder aus dem Rock- und Popbereich der 70er und 80er Jahre, dazu Blues oder Gospel oder ein Marius Müller-Westernhagen. DaB spielt ab 16.50 Uhr und auch ein bis zwei weitere Lieder im Eingangsteil von *Kirche anders*, ein ruhiges Lied oder Instrumentalstück nach der Predigt und einen kleinen Block zum Ende, zum Rausgehen und als Übergang zum *Café anders.* Damit ist die Musik von DaB wesentlich für die Atmosphäre von *Kirche anders* verantwortlich, für den Rahmen, in dem man sich wohl fühlt und einen freien Sonntagnachmittag gerne verbringt. Die Besucher/innen sollen gute Musik, die ihnen gefällt, live hören können. Mit dieser Anknüpfung an den Alltag der Zielgruppe hat DaB eine andere Aufgabe als die „Zufallstreffer" mit Lobpreis und Verkündigung vornehmlich im Schlussteil von *Kirche anders.*

„Die anders Band" bei der Probe von Kirche anders

Vor der Bandgründung wurden zu dem Zweck Musiker eingeladen. Damit wurde ein neuer musikalischer Stil positiv geprägt. Das war für den Beginn von *Kirche anders* sehr gut und wichtig, zugleich teuer und mühsam zu organisieren (Absprachen und Bandequipment). Auch konnte sich nicht jede/r auf die Begleitung im *Kirche anders*-Rahmen einstellen. Die Musiker geben eben kein Konzert, sondern haben eine Begleitfunktion, wenn auch eine sehr wichtige.
Nach wie vor setzen wir auch ab und an Musik vom Band ein: wenn wir reine Hintergrundmusik brauchen oder während dem Ankommen der ersten Besucher zwischen 16.30 und 16.50 Uhr, um die peinliche Stille vor dem Beginn zu überbrücken (das leidige Rascheln der Bonbonpapiere muss man so wenigstens vor dem Beginn nicht krampfhaft unterdrücken). Manchmal passt auch ein Lied vom Band so gut zum Thema, dass wir es zusätzlich zur Livemusik anspielen.
So wichtig die Musik bei *Kirche anders* ist, so umstritten ist sie in den bisherigen Jahren immer wieder gewesen. Mehr als bei Theater oder Verkündigung wird beim Musikstil die unbewusste Erwartungshaltung ausgesprochen, dass er den eigenen Prämissen zu entsprechen habe. So können sich 20-jährige Besucher über den altbackenen Stil ebenso aufregen wie 70-Jährige über Lautstärke und Modernität. Und selbst wenn so die Zielgruppenorientierung an keiner Stelle so deutlich wird wie bei der Musik, sind auch innerhalb des Hauptpublikums die Meinungen zu Blues und Rock, Liedern von PUR oder Marius Müller-Westernhagen, Gospel oder Pop Anlass zu langen Diskussionen im *Café anders*. Vor allem in der Anfangszeit der Gastgruppen war die oft enorme Lautstärke ein immer wiederkehrender Kritikpunkt – Rock ist aber auch heute bei DaB nicht wirklich leiser.
„Zufallstreffer“ und „Die anders Band“ sind aus der Gemeinde entstanden und werden vielfältig durch sie unter-

stützt. Die „Zufallstreffer" sind aus dem Projektchor der drei Auftaktveranstaltungen im Frühjahr 1996 unter der Leitung des Dekanatsjugendreferenten entstanden und werden bis heute von ihm geleitet. Eine CD-Aufnahme und diverse Konzerte oder Gottesdiensteinsätze in unserer Gemeinde oder in Nachbargemeinden gehören zum regelmäßigen Jahresprogramm. „Die anders Band" (DaB) gründete sich im Herbst 2000 um einige engagierte Mitarbeiter der Gemeinde, die in ihrem Freundeskreis und mit gemeindeinterner Werbung nach Mitspielern suchten. Sie besteht aus Schlagzeuger, zwei Gitarristen, Bass-Spieler, Keyboarder und Sänger und Sängerin. Außer bei *Kirche anders* hat DaB bislang in diversen Gottesdiensten gespielt und hatte beim „Gemeindefest vor dem Kurhaus" im Sommer 2002 den ersten 90-minütigen Konzertauftritt. DaB probt wöchentlich und wird etwa einmal im Monat von einem Profi gecoacht. Sein Honorar und die Anschaffung des gesamten Equipments wird aus den Gemeindefinanzen bestritten, zum Teil durch Spenden und Zuschüsse unterstützt.

3.10. Theater: Atze, Kalle, Erwin und ihr Kreuz mit dem Kreuz

- Die Aufgabe des Theaters ist die alltagsbezogene und lebensnahe Darstellung und Vermittlung des Themas.
- Das Theater darf unterhalten, das Thema in einer Richtung zuspitzen, fröhlich oder ernst sein.
- Das Theater muss geprobt sein und überzeugend vorgespielt werden.
- Das Theater darf die Zielaussage der Predigt noch nicht vorwegnehmen. Es sollte in seinem Charakter immer offen sein.

So wie Musik, Moderation und Verkündigung war auch Theater von Anfang an ein fester Bestandteil von *Kirche anders*. Wir haben im Laufe der Jahre verschiedene Formen ausprobiert: Sketche, Schattenspiel, Monologe, Balladen, Standbilder, Anspiele, Verfremdungen. In der Regel gibt es jedes Mal bei *Kirche anders* ein 7–8-minütiges Kurzstück, meist gleich nach Begrüßung und Anmoderation, immer vor der Verkündigung. Theaterelemente finden sich aber zuweilen auch in der Moderation und manchmal auch in der Predigt.

Das Theaterstück hat bei *Kirche anders* seinen eigenen Stellenwert und ist immer inhaltlich auf das Thema hin orientiert. Es korrespondiert immer mit der Predigt, ist aber nicht von ihr abhängig oder einfach nur ihr Aufhänger. Die Aufgabe des Theaters ist nicht die Verkündigung. Es soll den Alltagsbezug und die Lebensnähe des Themas aufzeigen. Die Predigerin oder der Prediger können sich auf das Theaterstück beziehen, tun dies auch in den meisten Fällen, müssen es aber nicht. Verhängnisvoll ist es für die Predigt, wenn die Zielaussage bereits im Theater klar auf den Punkt gebracht wurde. Daher darf das Theaterstück das Thema in eine bestimmte Richtung zuspitzen, es darf es karikieren, nahezu beliebig öffnen – aber es darf es nicht abschließen.

Humor spielt in unseren Theaterstücken eine besondere Rolle. Obwohl wir, wenn das Thema es erfordert, auch ernste Stücke spielen, steht das Komödiantische oder Satirische im Vordergrund, das, was uns zum Lachen bringt, uns manchmal aber auch das Lachen im Halse stecken bleiben lässt. Dies hat vor allem drei Gründe: 1. Wir glauben fest an Gottes Humor – nicht zufällig hat er uns die Fähigkeit zum Lachen gegeben. 2. Es entspricht eher den Fähigkeiten und der Spiellaune unserer Laiendarsteller; schlicht gesagt, es macht uns einfach mehr Spaß. 3. Unsere Zuschauerinnen und Zuschauer lieben es.

Eine Grundsatzfrage vieler Theatergruppen ist: Theaterstücke klauen oder selber schreiben? *„Kennt jemand einen guten Sketch?" – „Hat einer eine Idee, was wir spielen könnten?"* Keine Vorbereitung für *Kirche anders* ohne diese obligatorischen Fragen. Die ständige mühselige Suche nach dem geeigneten Stück hat uns recht bald dazu gebracht, eigene Stücke zu schreiben. Obwohl z. B. Willow Creek eine Reihe von guten Stücken anbietet (einige davon haben wir schon aufgeführt), sind sie oftmals für uns ungeeignet, weil ihr Inhalt oder ihre Moral einfach zu amerikanisch sind. Wenn man nicht selber schreiben will oder kann, helfen manchmal bereits kurze Abänderungen bzw. Anpassungen an eigene Lebensumstände und Alltagssituationen. Auf diese Weise haben wir das eine oder andere Stück dann doch noch verwenden können. Selber schreiben ist insgesamt gesehen sicherlich schwieriger als die Verwendung eines Fremdstückes, gibt einem aber die Chance, Zuschauer/innen und ihre Erwartungen sowie Darsteller/innen und ihre Möglichkeiten stärker im Blick zu behalten. Bei uns entstanden so diverse Stücke rund um die drei Klischee-Proletarier Atze, Kalle und Erwin, die sich auf ganz einfache Weise Gedanken machen – stellvertretend für Fragen und Erfahrungen des Publikums. Zum Beispiel über das *„Kreuz mit dem Kreuz"*. Ein Ausschnitt:

Erwin: Hey, das ist ja lustig! Sag mal, Kalle, was is'n das?
Kalle (zu Erwin und Atze): Seid ihr beide eigentlich blöd? Das ist ein ganz normaler Kreuzflaschenöffner und damit macht man Flaschen auf, kapiert, zum Beispiel Bierflaschen!
Erwin: Okay, okay, Kalle, is ja schon in Ordnung, schon kapiert, Kreuzflaschenöffner – Bierflasche – alles klar!
Atze (leise zu Erwin): Du Erwin, ich glaub', der Kalle ist auf so 'nem komischen Trip. Guck mal hier (zeigt auf den Bierdeckel): Der hat's mit dem Kreuz.

Erwin: Das kenn' ich, ich hab's auch im Kreuz – wegen dem Kistenschleppen, seit sich meine Frau weigert, in den Keller zu gehen. Weißt schon, wegen der Spinnen, sagt sie jedenfalls.
Atze (flüsternd): Mensch Erwin, doch nicht so. Ich glaub', der Kalle hat irgend so einen religiösen Tick ... Schau mal da an der Wand und eins hängt sogar um seinen Hals.
Erwin: Mann, das stimmt. Das ist ja richtig unheimlich, unser Kalle – und Religion ...

Manchmal gewinnt man seine Ideen auch aus Erzählungen, Werbespots, Nachrichten, Witzen oder Zeitungsausschnitten. Aus einer Nachricht über den Kindertag in einer italienischen Kleinstadt entstand so ein Stück für das Thema „*Erziehung*“ und ein Witz führte beim Thema „*Wunder gibt es immer wieder*“ zu einer Fruchtbarkeit spendenden Wunderkerze in Lourdes. Wichtig aber ist auch für das Entstehen der Theaterstücke das Miteinander: Ideen sprudeln oft besonders gut, wenn viele *brainstormen.* Und auch jedes fertige Stück bedarf einer Durchsicht und Besprechung mit anderen.

Ein immer wiederkehrendes Problem ist auch in der Theaterarbeit die Technik: Sprechen wir mit oder ohne Verstärkung. Die kleinen ansteckbaren Lavaliermikrophone haben wir extra für die Theaterstücke gekauft, ihre Qualität und technische Beherrschbarkeit lässt aber viele Wünsche offen. Das Headset sieht nie gut aus, belässt aber das Mikrophon immer vor dem Mund, wo es auch beim Drehen des Kopfes hingehört. Gerade bei Stücken mit vielen Sprechern wird auch die Anzahl der Mikrophone immer mal wieder zum Problem.
Ganz gleich ob mit oder ohne Mikrophon: Sprechen muss mindestens so intensiv geübt werden wie der jeweilige Rollentext oder die Handlung auf der Bühne. Das gilt für die Kinder und Jugendlichen, die immer wieder bei uns mitspielen, das gilt ebenso für die Erwachsenen, die es unter Umständen von ihren Berufen gewohnt sind, vor anderen zu sprechen. Wir haben sehr gute Erfahrungen gemacht, wenn qualifizierte Teammitglieder, die selbst nicht spielen, trotzdem für Regie und Korrekturen bei den Proben anwesend sind. Nichts ist beklemmender und unangenehmer als ein schlecht gespieltes Theaterstück – für Akteure und Zuschauer!

Fünf Grundsätze von Theaterarbeit sind uns – in der Theorie – im Laufe der Jahre wichtig und völlig klar geworden:

1. Frühzeitige Planung der Stücke ist Grundvoraussetzung für einen reibungslosen Ablauf der Proben und eine gelungene Aufführung. So bleibt ausreichend Zeit für wohlüberlegte Auseinandersetzungen und mögliche Überarbeitungen.
2. Pünktliches Erscheinen der Akteure zu den Proben. Man lässt andere nicht warten. Alle Mitspieler/innen sind zum vereinbarten Zeitpunkt bereit zu konzentrierter Arbeit.
3. Der Rollentext ist ab der ersten Probe auswendig parat. So kann bereits von Beginn an fleißig an Mimik und

Gestik gearbeitet werden, und das ohne störende Zettel in der Hand.

4. Klare Absprachen mit dem Gesamtteam. Die Theatergruppe macht es sich zum Grundsatz, alle anderen Mitarbeiter/innen der Veranstaltung über den Inhalt des Stückes und den Stand der Proben zu informieren, und zwar bereits vor der ersten Probe, damit Gelegenheit zur kritischen Einspruchnahme besteht.
5. Das Stück steht aufführfertig bei der Generalprobe zur Verfügung. Bis dahin wurden das Zusammenspiel zwischen Text und Darsteller/inne/n perfektioniert.
   Fazit: Diszipliniertes Arbeiten ist das A und O der Theaterarbeit!

Man kann sich ja theoretisch sehr viel vornehmen. Aber was heißt das schon auf einem so kreativen Gebiet. Da sieht die Praxis oft ganz anders aus und zwischen Anspruch und Wirklichkeit liegt meist der Kompromiss. Für die praktische Umsetzung der Theorie bedeutet das bei uns in der Regel:

1. Das Stück ist meist knapp eine Woche vor der Aufführung fertig geschrieben und liegt unüberarbeitet in den Händen der DarstellerInnen.
2. Wenn wir pünktlich um 20 Uhr mit der Probe beginnen wollen, ist es ratsam XY als Termin 19.30 mitzuteilen, denn dann können wir wenigstens gegen 20.30 Uhr beginnen.
3. Ein Rollentext liegt bei der ersten Probe vor – in der Regel nur auf dem Papier.
4. Wir überraschen gerne die anderen *Kirche anders*-Mitwirkenden mit dem Theaterstück als *Schmankerl* bei der Generalprobe. Das hat einen besonderen Unterhaltungswert und macht die Sache für alle Beteiligten ein bisschen aufregender. Wer möchte schon dieses prickelnde Gefühl vermissen?!

5. Generalprobe am Freitag, Aufführung am Sonntag. Krass, da haben wir ja noch lockere zwei Tage Zeit.
   Fazit: Das Genie beherrscht das Chaos!

Ich kann jeden Raum nehmen und ihn eine nackte Bühne nennen. Ein Mensch geht durch den Raum, während ihm ein anderer zusieht; das ist alles, was zur Theaterarbeit notwendig ist. (Peter Brook, The Empty Space)
Ja, lieber Peter Brook, wenn das wirklich immer so einfach wäre …!

3.11. Generalproben: abscheulich notwendig

- Kein *Kirche anders* ohne eine Generalprobe.
- Wichtigste Aufgabe der Generalprobe ist die Abstimmung des Ablaufs und der jeweils notwendigen Technik.
- Generalproben sind eigentlich immer grausam.

Generalproben sind schrecklich und notwendig. Weil der/die Prediger/in entnervt die letzten Teile der Predigt auswendig lernen will, die Theaterleute nicht vollständig da sind, die Technik immer noch nicht steht, einige aus Langweile mal „eine rauchen gegangen sind“ und damit nicht mehr auffindbar sind, die bedauernswerte „Innere Regie“ (s.u.) mit vier Menschen gleichzeitig zu reden versucht und jeder gerne seinen Teil am Ganzen eben mal schnell proben möchte, um dann gehen zu können.
Auch die Abgebrühtesten bei uns verabscheuen Generalproben. Warum tun wir uns das an? Weil es unsere einzige Chance ist, Fehler in der Planung, Längen in der Predigt, logische Brüche oder technisch nicht umsetzbare Ideen vorher zu merken. Wenn wir ein Theaterstück mit allen vorhandenen Mikros geplant haben, wenn mittendrin der

Chor singen soll, wenn sich das Video einfach nicht abspielen lässt, wenn die Buchse einer Verstärkerbox total verbogen ist und der CD-Player einfach nicht auffindbar ist – dann ist das nicht nur eine typische Generalprobe, sondern vor allem ein Problem, das man sonst erst bei *Kirche anders* selbst bemerkt hätte.
Bei der Generalprobe wird ein *Kirche anders* im geplanten Ablauf einmal durchgeprobt (O.K., das ist Theorie: meist wurschteln wir den Ablauf der Generalproben ganz pragmatisch um, aber es wäre gut so!). Außerdem brauchen alle Aktiven die Generalprobe für die eigene Sicherheit (es kann nur besser werden). Wie sonst wüsste ich: Wo stehen? Was sagen? Woher bekomme ich das Mikrophon und an wen reiche ich es danach weiter?
Generalproben sind also nötig. Aber wie übersteht man sie? Eine/r muss dran glauben und die Generalprobe leiten: Das ist unsere „Innere Regie“. Bei ihm/ihr müssen auch alle Probleme im Vorfeld zusammenlaufen („Du, auch wenn ich predigen soll, kann ich leider nur zwischen halb sieben und sieben zur Generalprobe kommen …“). Notwendig ist auch ein detaillierter Ablaufplan mit Zeitvorgaben, mit Technikbedarf und mit viel Platz für alle Notizen („Licht zu Anfang der Predigt aus“ oder „Spot“ oder „gedämpftes Licht“ etc.).
So gewappnet, überstehen wir die Generalprobe – und freuen uns auf *Kirche anders*, wenn alles besser wird.

3.12. Kinderprogramm KICK: Kirchen-Event zum Mitmachen

- Da sich *Kirche anders* besonders an junge Familien wendet, stellt sich die Frage nach dem Umgang mit deren Kindern bereits bei der Definition der Zielgruppe.

- Für Kinder von 0–4 Jahren gibt es immer eine Kinderbetreuung mit Spiel- und Malsachen in einem gesonderten Raum.
- Nach ersten schwachen Versuchen gibt es für Kinder zwischen 5 und 12 Jahren seit 1999 KICK: „Kinder In der ChristusKirche".
- Ein attraktives, dauerhaftes Kinderprogramm mit Eventcharakter neben *Kirche anders* ist eine enorme Herausforderung an das Gesamtteam.
- Offene Spielangebote, Musik, Verkündigung und Kleingruppen zum Sprechen, Basteln und Beten sind die Kerninhalte von KICK.

Schon bei den drei Auftaktveranstaltungen von *Kirche anders* gab es neben der Kinderbetreuung für die Kleinkinder ein Kinderprogramm für Grundschulkinder. Gestaltet wurde dieses von einer Kindergottesdienst-Mitarbeiterin, die in erster Linie die biblische Geschichte, die laut Jahresplan für den Kindergottesdienst am Sonntagvormittag an der Reihe war, den Kindern erzählte, etwas Passendes mit den Kindern bastelte und dann mit den Kindern spielte. Sehr schnell zeigte sich aber, dass diese Form des Kindergottesdienstes nicht ankam, und wir stellten das Kinderprogramm wieder ein. So gab es zwei Jahre lang nur eine Kinderbetreuung mit Spiel- und Malsachen für die Allerkleinsten.
Wir wussten zwar, dass *Kirche anders* damit etwas an Familienfreundlichkeit eingebüßt hatte, hatten jedoch weder eine passende Idee noch die passenden Mitarbeiter/innen, um ein Kinderprogramm auf die Beine zustellen. 1999 fand dann der erste Willow-Creek-„Promiseland"-Kongress in Deutschland statt, den wir mit einigen Jungschar- und Kindergottesdienstmitarbeiter/innen besuchten. Von der ansteckenden Fröhlichkeit und dem Engagement dieses Willow-Kinderprogramms waren wir so mitgerissen, dass wir beschlossen, ein völlig eigenständiges Kinderprogramm

parallel zu *Kirche anders* zu entwickeln, obwohl dies für Mitarbeiter/innen bedeutet, dass sie sich zwischen der Mitwirkung bei KICK und dem Besuch von *Kirche anders* entscheiden müssen.

Im Herbst 1999 startete KICK: „Kinder In der ChristusKirche". KICK findet im Kirchraum statt, also über dem Saal von *Kirche anders,* und beginnt mit einer Spielstraße, die schon 30 Minuten früher öffnet. So haben Eltern die Möglichkeit, ihre Kinder dort hinzubringen und manche nutzen die Zeit auch, um zuerst noch mit ihren Kindern gemeinsam zu spielen. Die Spielstraße besteht aus verschiedenen Brettspielen, Geschicklichkeitsspielen, bietet aber auch die Möglichkeit, sich zu bewegen beim gemeinsamen Seilspringen, Fangen oder Verstecken. An den Anblick spielender Kinder in der Kirche mussten sich einige erst gewöhnen.

Dann beginnt um 17 Uhr gleichzeitig mit *Kirche anders* auch KICK.

1. Musik:
   Das Programm beginnt mit Liedern zum Mitsingen und Mitmachen. Die Lieder verbinden die verschiedenen Teile und fördern mit ihren Bewegungen die Konzentrationsfähigkeit der Kinder.
2. Theater und Verkündigung:
   An dieser Stelle zeigt sich am deutlichsten die Entwicklung von Jahr zu Jahr. Zu Beginn gab es zwei Theaterstücke hintereinander. Zuerst ein von einigen Jugendlichen geschriebenes und einstudiertes kurzes Theaterstück, dessen Inhalt direkt der Lebenswelt der Kinder entspringt und damit ins Thema einführt (z.B. Schulhofsituation). Im zweiten Theater ging es darum, mit den Kindern eine biblische Geschichte zu erleben.

Häufig waren die Kinder beim zweiten Teil unaufmerksam. Sie konnten die Personen nicht auseinander halten, da die gleichen Darsteller in beiden Stücken unterschiedliche Rollen spielten.
So kamen wir dazu, diese beiden Teile miteinander zu verbinden. Oft kann man die Zielaussage von KICK auch in ein Theaterstück aus dem Alltag der Kinder packen oder eine Puppe redet mit den Darstellern und versucht so, Jesu Sicht in die Alltagssituation zu bringen.

3. Kleingruppen:
   Da wir Kinder von 5–12 Jahren ansprechen, ist es sinnvoll, die Kleingruppen nach Alter aufzuteilen. Für manche Themen erscheint es uns ebenfalls angebracht, die älteren Kinder nach Geschlecht aufzuteilen, wobei es dann wichtig ist, dass die Gruppe der Jungen auch von einem männlichen Mitarbeiter geleitet wird. In der Kleingruppe wird über das Theater und die biblische Bot-

schaft gesprochen, das Thema kreativ bearbeitet und gemeinsam gebetet. Das Gebet haben wir bewusst in die Kleingruppe gelegt, da dort die Kinder in die Gebetsanliegen besser mit einbezogen werden können. Jede Gruppe hat ein „Gebetsanliegen-Buch“, in dem die Anliegen der Kinder gesammelt werden. Zum Abschluss der Gruppenphase wird eine Kerze angezündet und der/die Mitarbeiter/in betet laut die Dinge, die den Kindern wichtig sind.

4. Abschlussphase:
   Der Abschluss findet wieder im Altarraum statt. Hier wird gemeinsam das Vaterunser gebetet, ein Segen gesprochen und wir singen unser Abschlusslied – wieder mit Bewegungen.

Jugendliche ab dem Konfirmandenalter sind bei unserer Konzeption zu alt für KICK, aber auch nicht die Zielgruppe für *Kirche anders*. Zwar gibt es seit zwei Jahren den eigenen Heartburn-Jugendgottesdienst (s. u.), trotzdem kommen aber immer auch Konfirmanden und andere Jugendliche zu *Kirche anders* – immer wieder auch mit ihren Eltern.

Über das erste KICK berichtete die Lokalzeitung:
„KICK“ – Premiere im vollen Kirchenschiff
„Voll-, Voll-, Volltreffer, ja ein Volltreffer Gottes bist Du!“ hieß das Lied, das in diesem ersten Kindergottesdienst der „etwas anderen Art“ gesungen wurde. Und ein Volltreffer war diese Premiere allemal.
Unter dem Motto „Jesus sucht Kickse“ waren die kleinen Besucher in die Christuskirche eingeladen worden – und recht viele kamen. 70 Kinder wollten sich die Premiere nicht entgehen lassen.
Das Kinderprogramm, das von Gemeindepädagogin Martina Radgen geleitet wird, versteht sich als neuer Treff-

punkt für Kinder, die Lust auf fetzige Musik haben und Spiel und Spaß auch in der Kirche erleben möchten. Nicht einfach dasitzen und zuhören lautet dabei die Devise, sondern mitmachen.
(Wetterauer Zeitung vom 27.10.1999)

3.13. Café anders: erste Kontaktbörse

- *Kirche anders* will zum Gespräch anregen und Kontakte ermöglichen. Dafür ist direkt im Anschluss mit *Café anders* in ungezwungener Atmosphäre Zeit.
- *Café anders* ist ein offenes Angebot für diejenigen, die einen ersten Kontakt zu uns knüpfen möchten, persönliche Fragen haben oder Anregungen direkt loswerden möchten.

„Ach, was ich noch sagen wollte“ … und dann sagen die Leute es, mitten in der Türe stehend, verursachen mittelschwere Staus im Ausgang, stellen nicht zu beantwortenden Fragen, erzählen schwer wiegende Probleme, auf die man nicht reagieren kann, oder möchten sich mal eben nach Angeboten erkundigen *„für jemanden wie mich, der noch neu hier ist“*. Wer Gottesdienste leitet, kennt das Problem: Am Ende wird man mit Fragen oder Anliegen konfrontiert und es ist weder Zeit noch der geeignete Raum, angemessen darauf zu reagieren. Dann speisen wir Menschen ab und zurück bleibt das schale Gefühl der verpassten Gelegenheit.
Wir kennen aber auch die andere Seite: Als Besucher/in möchte man nach dem Gottesdienst gerne etwas loswerden und es hat niemand Zeit oder Lust, sich das anzuhören. Und wer ruft schon am Montag danach im Pfarrbüro an und stellt seine Fragen vom Vortag? Schade eigentlich, denn solche Gespräche sind anregend: für beide Seiten.

Das Ärgernis wird verstärkt durch unser Gemeindeziel, persönliche Begegnung ermöglichen und Gemeinschaft stiften und erleben zu wollen. Dem widerspricht ein Gottesdienst, nach dem alle fluchtartig die Kirche verlassen und niemand sich mehr unterhält.
Die Idee der Kirchencafés ist aus diesem Bedürfnis entstanden. Es ist inzwischen an vielen Orten eingerichtet. Auch wir treffen uns nach dem 10-Uhr-Gottesdienst im „Kirchencafé". Es ist die Gelegenheit, zweckfrei miteinander zu reden, Neuigkeiten oder auch Eindrücke aus dem Gottesdienst auszutauschen oder über das zu reden, was demnächst in der Gemeinde geschehen soll. Als Gemeindeinterne schätzen wir das sehr – und bemühen uns gleichzeitig darum, „Fremden" einen Einstieg zu ermöglichen. Es ist gar nicht so leicht, den ersten persönlichen Kontakt zu knüpfen.
Kirche anders ist eine offene Veranstaltung und lässt eine große Wahlfreiheit zwischen Distanz und Nähe. Das soll für *Café anders* ebenso gelten. Hier ist Gelegenheit, bei Tee, Keksen, Salzgebäck oder Wein in ungezwungener Atmosphäre miteinander zu plaudern und Kontakte herzu-

Tobias Utter im Gespräch mit Besuchern

stellen. Die Besucher/innen unterhalten sich nicht nur untereinander, sondern sprechen häufig die Mitarbeitenden an. Nach unserer Erfahrung finden Menschen fast immer über persönliche Kontakte den Weg zu einer Gemeinde. Hier ist die Gelegenheit dazu.
Wichtig ist eine klare zeitliche Abgrenzung. *Kirche anders* hat einen deutlichen Schlusspunkt, nach dem alle gehen können, wenn sie dies wollen oder müssen. Andererseits sollen diejenigen, die gerne dableiben möchten, sich nicht hinausgeworfen fühlen. Darum haben wir ein deutliches Ende bei *Kirche anders* (Vorhang zu oder Licht an), was ebenso der Anfang von *Café anders* ist. Auch *Café anders* beenden wir um 19 Uhr ebenso deutlich, damit es für die Mitarbeiter/innen beim Aufräumen kein open-end gibt.
Schwierig war die Raumfrage. Anfangs fand *Café anders* in einem anderen Raum statt. Das hatte den Vorteil, dass es dort ruhiger war und andere bereits aufräumen konnten. Es hatte den entscheidenden Nachteil, dass der Raumwechsel viele vom Besuch abhielt und fast nur die Mitarbeiter/innen von *Kirche anders* übrig blieben.
Seither findet *Café anders* an Stehtischen in einem gekennzeichneten Bereich im Saal statt. Dort kann man leichter als in einem separatem Raum „mal eben stehen bleiben“, zuhören oder sich an einem Gespräch beteiligen. Die Mitarbeitenden tragen Buttons mit ihren Namen und geben so zu erkennen, dass sie ansprechbar sind.
Ein Abend, der zum Nachdenken anregen will, kann auf diese Weise in ein Gespräch und eine erste Begegnung münden. Und wenn man *Café anders* für weitere Verabredungen nutzt, ist das ganz in unserem Sinne!

À la carte: eine Gemeinde mit vielen Gottesdiensten

- Der traditionelle Gottesdienst ist selten tatsächlich die erfahrbare „Mitte der Gemeinde“ – und er ist nur schwer grundlegend zu verändern.
- Der traditionelle Gottesdienst ist für uns heute ein Zielgruppengottesdienst, den wir als solchen aber sehr ernst nehmen und sorgfältig vorbereiten.
- Die Aufnahme besucherorientierter Gottesdienste ist nur der Anfang oder ein weiterer Schritt in der Gottesdienstentwicklung der eigenen Gemeinde.
- Die Entwicklung einer Vielzahl zielgruppenorientierter Gottesdienst ist eine enorme personelle und inhaltliche Herausforderung an eine Gemeinde.
- Jeder Gottesdienst braucht seine Zielgruppe, seine Vision, sein Konzept und viel Liebe bei der Gestaltung.
- Das gesamte gottesdienstliche Angebot muss kontinuierlich reflektiert und weiterentwickelt werden.

„Der Gottesdienst ist die Mitte der Gemeinde“, so hieß es bis zu den 90er Jahren auch in Bad Vilbel. Es gab den Sonntagsgottesdienst um 10 Uhr in der Christuskirche als den Hauptgottesdienst, daneben den Wochenschlussgottesdienst mit verkürzter Liturgie am Samstagnachmittag in der alten Auferstehungskirche auf dem Friedhof und parallel zum Sonntagsgottesdienst den auch damals schon von einem engagierten Team geleiteten Kindergottesdienst. Die theologisch-theoretische Aussage vom Gottesdienst als Zentrum der Gemeinde deckte sich aber seit langem nicht mit der Realität: Wie alle anderen Angebote der Gemeinde auch erreichte der Sonntagsgottesdienst nur einen kleinen Teil der Gemeinde. Der durchschnittliche Besuch hatte – wie nahezu überall – seit Jahrzehnten kontinuierlich abgenommen.

Mit viel Einsatz und Kreativität bemühte sich der Gottesdienstausschuss in der ersten Hälfte der 90er Jahre um Veränderungen des Sonntagsgottesdienstes, um ihn für neue Besuchergruppen zu öffnen. In die bisher allein vom Pfarrer geleitete Feier wurden Ehrenamtliche integriert; das Abendmahl wird seither neben den Festtagen einmal im Monat gefeiert, die Erfahrung christlicher Gemeinschaft bei der Austeilung wurde gestärkt, auch hier sind seither Laien beteiligt. Die Liturgie wurde gründlich überdacht, aber letztlich nicht wirklich verändert. Bibeln an den Plätzen und Gottesdienstbegleitzettel erleichtern den Besuchern die Teilnahme am Gottesdienst, moderne christliche Lieder wurden eingeführt und nach Möglichkeit mit Gitarre begleitet. Auch der moderne Kirchraum selbst wurde bedacht: Pflanzeninseln wurden eingerichtet, die Anordnung der Stühle stärker auf Gemeinschaft hin orientiert, ein Kirchencafé im Anschluss an die Sonntagsgottesdienste eingerichtet.

Alle diese Veränderungen haben sich bis heute erhalten und mit zu einer Belebung des Sonntagsgottesdienstes geführt. Trotz (oder wegen?) der unten beschriebenen vielen weiteren gottesdienstlichen Angebote in der Gemeinde ist der Besuch des Sonntagsgottesdienstes wieder deutlich gestiegen.

Ihr Ziel nicht erreicht haben hingegen die Versuche, mit besonderen Gottesdienstreihen ein bislang gottesdienstfernes Publikum zu erreichen. Gesellschaftliche Themen um Politik, Kultur, Naturwissenschaft etc. haben mit Gastpredigern und sehr veränderten Liturgien eher die bisherige gottesdienstliche Gemeinde verwirrt als neue Menschen angesprochen. Insbesondere diese Erfahrung führte zur Einrichtung von Kirche anders zu einer anderen Uhrzeit und zur Entscheidung, den Gottesdienst am Sonntagvormittag als traditionell orientierten Gottesdienst beizubehalten und zu pflegen.

Wie die anderen Gottesdienstformen auch ist der Sonntagsgottesdienst für uns seither ein zielgruppenorientiertes Angebot unter anderen und nicht mehr der Zentralgottesdienst. Angesichts der intensiven Öffentlichkeitsarbeit für die neuen Gottesdienstformen wurde uns aber deutlich,

dass wir die bleibende Bedeutung des traditionellen Gottesdienstes in der Gemeinde stärker kommunizieren müssen: Er ist kein Auslaufmodell und hat ohne Zweifel von der Gesamtentwicklung der Gemeinde stark profitiert!
Im Laufe der vergangenen zehn Jahre haben sich vielfältige Formen von Gottesdiensten in unserer Gemeinde etabliert. Sie werden alle von Teams geleitet. Jeder dieser Gottesdienste hat sein eigenes Konzept und nach außen erkennbares Profil, seine zielgruppenspezifische Werbung und wird mit großer Sorgfalt vorbereitet und geleitet. Gerade Letzteres ist im Sog des hohen Qualitätsstandards bei „Kirche anders" ein absolutes Muss für alle anderen Gottesdienste, Kreise, Freizeiten etc. geworden und spiegelt sich beispielsweise auch in den Visionen der Gesamtgemeinde wider.

- Der Sonntagsgottesdienst um 10 Uhr bleibt grundsätzlich traditionell gestaltet. Die Predigten sind ab und an in Reihen gestaltet (zu 2000 Jahre Christentum, über unsere Gemeindevisionen etc.). Einmal im Monat gibt es besondere musikalische Akzente.
- Der Wochenschlussgottesdienst in der Auferstehungskirche ist ebenfalls grundsätzlich traditionell gestaltet, kürzer als der Sonntagsgottesdienst und wird einmal im Monat als Taufgottesdienst gefeiert. Von Weihnachten bis Ostern ist Winterpause.
- Bereits seit Anfang der 90er Jahre gibt es den Krabbelgottesdienst für Kinder zwischen 1 und 6 Jahren. Er findet monatlich sonntags um 11.15 Uhr im eigenen Krabbelgottesdienstkreis hinten in der Kirche statt, etwa zweimal im Jahr mit Taufen.
- Der sonntägliche Kindergottesdienst wurde auf die den Kleinen vertraute Zeit 11.15 Uhr gelegt, die bei der Befragung bei der „Besuchsaktion 2000" auch als günstigste Familienzeit angesehen wurde. Moderne Lieder, intensive Kleingruppenarbeit und hoher Einsatz des Teams kennzeichnen den Kindergottesdienst. Die

Vernetzung mit dem Krabbelgottesdienst ist noch nicht zufriedenstellend gelöst.

- Der Kindergottesdienst KICK (Kinder In der Christus-Kirche) wurde als Parallelprogramm zu Kirche anders eingeführt.
- Seit 2001 gestaltet ein großes Jugendteam den Jugendgottesdienst Heartburn („Herzbrennen") im großen Saal. Eine „Soap-opera" ersetzt mit einem qualitativ sehr anspruchsvollen Video das traditionelle Anspiel und führt so ins Thema ein. Zwei Jugendbands begleiten Lieder, die sich vor allem am christlichen Liedgut des 21. Jahrhunderts orientieren („Ins Wasser fällt ein Stein" oder „Laudato si" sind nicht mehr modern!). Die Predigt ist klar missionarisch, nach Möglichkeit von einem Jugendmitarbeiter gehalten und mit Bühnenaktionen anschaulich gestaltet. Als Zielpublikum haben sich vor allem die Konfirmandenjahrgänge der 6.–9. Klasse herausgebildet. Wie Kirche anders findet Heartburn sonntags um 17 Uhr statt.
- Sechsmal im Jahr gestaltet ein Elternteam den Familiengottesdienst Happy (h)our sonntags um 11.15 Uhr in Verbindung mit dem Kindergottesdienst, der altersmäßig die gleiche Kinder-Zielgruppe anspricht.
- Kirche anders ist als alternativer Gottesdienst für Erwachsene Thema des gesamten Buches und wird hier nur der Vollständigkeit halber erwähnt.
- Meditativ und erfahrungsbezogen ist der Gottesdienst mit allen Sinnen, der Elemente der Thomasmesse aufnimmt und etwa sechsmal im Jahr zu Besinnung, Segnung, Gebet und Meditation einlädt.
- Wöchentlich dienstags ist die Abendandacht mit Liedern aus Taizé, die für einen kleinen Kreis einen meditativen Ruhepunkt in der Woche darstellt.

Dazu kommen die drei Open-air-Gottesdienste zum Gemeindefest, Vilbeler Markt und Erntedank sowie besondere Gottesdienste zu Kirchenjahresfesten, Konfirmationen und

Krabbelgottesdienst

eine ganze Reihe eigener Gottesdienste in der Kindertagesstätte „Arche Noah", die zum Teil mit Eltern und ganz regelmäßig als Kita-Gottesdienst „Biblische Geschichte" nur mit den Kindern gefeiert werden.
Dieser „Zwischenstand" eines zielgruppenorientierten Gottesdienst-Angebotes wird vom Gottesdienstausschuss und vom Kirchenvorstand regelmäßig reflektiert und weiterentwickelt. Eine besondere Herausforderung ist die Vernetzung der einzelnen Angebote, bei der dann auch bestehende Defizite erkennbar werden – beispielsweise ein für junge Erwachsene ausgerichteter Gottesdienst!

4. 50-mal *Kirche anders* – die größten Tops, die größten Flops

- Ein auf Dauer eingerichteter besucherorientierter Gottesdienst ist eine enorme Herausforderung an die Mitwirkenden und an die gesamte Gemeinde und mit einem Einzelprojekt nicht vergleichbar.
- Neben dem kontinuierlichen ehrenamtlichen Engagement braucht ein besucherorientierter Gottesdienst auf Dauer hauptamtliche Begleitung.
- Die Herausbildung eigener liturgischer Formen schadet einem besucherorientierten Gottesdienst nicht.
- Veränderungen im Ablauf sind bei einem jährlichen *Special* für das Team und die Besucher gut. Einmal im Jahr darf richtig gefeiert werden, sogar mit Botschaft!
- Höhen und Tiefen in der Gestaltung und im Besucherzuspruch sind normal und eine Herausforderung für Team und Gemeinde. Auch richtige Flops dürfen sein und können verkraftet werden.
- Nach 50 Mal *Kirche anders* ist es nicht nur eine Geschichte eines besucherorientierten Gottesdienstes, sondern einer veränderten Gemeinde (siehe die Exkurse) – dazu mit vielen Neben-Highlights wie Kirchentagen oder CD-Aufnahmen.

Am 5. Mai 1996 erschien die Gemeindezeitung ZACK mit einem intensiven Rückblick auf die drei Auftaktveranstaltungen von *Kirche anders*. Im Aufmacher schrieb Tobias Utter damals unter der fetten Überschrift: „Das Mittelalter ist zu Ende“:

> *Voller Erleichterung hat jemand auf seinen Fragebogen geschrieben, „endlich geht in der Kirche das Mittelalter zu Ende“. Diese Reaktion auf „Sonntag 17 Uhr –* Kir-

che anders“ *ist typisch, denn sie macht deutlich, wie sehr unsere bisherigen Veranstaltungsformen für eine bestimmte Gruppe von Menschen ein Hindernis sind bei dem Versuch, sich Fragen des Glaubens zu nähern.*
*Die Frankfurter Rundschau, die wie die ganze lokale Presse ausgesprochen positiv über „*Kirche anders“ *berichtet hat, war etwas enttäuscht, daß sich am Inhalt der Verkündigung im Grunde gar nichts geändert hatte. Damit hat sie, vielleicht unbewußt, genau erfaßt, worum es geht. Nämlich einen Inhalt und eine Botschaft, die bereits fast 2000 Jahre alt sind, in eine Form zu bringen, die möglichst viele Menschen unserer Zeit anspricht. Sinn und Zweck ist es, deutlich zu machen, daß Glauben auch für den Menschen unserer Zeit sinnvoll ist und kein Überbleibsel einer fernen Vergangenheit.*
„Sonntag 17 Uhr – Kirche anders“ *wollte zeigen, daß es sich lohnt über Glaubensfragen nachzudenken, und daß das Ganze durchaus unterhaltsam sein kann.*
Als wir uns im Dezember dazu entschlossen haben, diese Projekt zu wagen, da wußten wir nicht, ob es uns gelingen wird. Denn von Anfang an war klar, daß nur mit einer großen Anstrengung von vielen Gemeindemitgliedern das Ziel erreicht werden kann. Alle Kreise unserer Gemeinde haben „Sonntag 17 Uhr – Kirche anders“ *unterstützt.*
Und das Experiment ist gelungen. Doch wie geht es jetzt weiter? Wir haben gesehen, daß wir es können, doch jetzt stellt sich die Frage: Haben wir auch den Mut, den nächsten Schritt zu gehen und aus „Sonntag 17 Uhr – Kirche anders“ *ein regelmäßiges Angebot zu machen?*
*Es geht nicht darum, den gewohnten 10-Uhr-Gottesdienst abzuschaffen und den Schatz einer langen Tradition über Bord zu werfen. Ich halte auch gar nichts davon, Elemente von „*Kirche anders“ *einfach in unsere*

üblichen Gottesdienste zu übernehmen. Es werden ganz verschiedene Bedürfnisse durch die unterschiedlichen Formen befriedigt. Wir sollten uns davor hüten, die einzelnen Formen der Verkündigung gegeneinander auszuspielen.

Doch die Konsequenz muss schon heißen, daß wir unsere Gemeinde an vielen Stellen öffnen und Hürden abbauen, die den Zugang zum Evangelium erschweren. Denn Gemeinde ist ja kein Selbstzweck. Wir müssen entscheiden, wo wir Schwerpunkte setzen.

Die bisherigen Mitarbeiter von „Kirche anders“ *wollen es wagen. Sie schlagen dem Kirchenvorstand vor, für das kommende Winterhalbjahr 7 mal „Sonntag 17 Uhr* – Kirche anders“ *zu planen. Allen ist klar, daß dies nur gelingen kann, wenn noch mehr Mitglieder unserer Gemeinde dieses Projekt als ihre Sache erkennen und zur Mitarbeit bereit sind. Die Qualität und den Standard können wir über einen längeren Zeitraum nur erhalten, wenn die Lasten auf viele Schultern verteilt werden. Ich weiß, daß vielen der Beteiligten „Sonntag 17 Uhr* – Kirche anders“ *große Freude gemacht hat. Damit dies so bleibt, müssen wir darauf achten, daß dem einzelnen Mitarbeiter nicht zuviel aufgebürdet wird.*

Es geht also weiter. „Kirche anders“ *wagt den Schritt von der Probephase zur Serienherstellung. Wenn wir als Gemeinde zusammenhalten, bin ich sicher, daß wir auch die Schwierigkeiten und Anstrengungen auf diesem neuen Weg meistern werden.*

Mit der damaligen Einschätzung hatten wir nicht übertrieben: Es ist kein Problem, ein paar besondere gottesdienstliche Veranstaltungen zu planen und durchzuführen. Es ist aber sehr schwer, auf Dauer besucherorientierte Gottesdienste als (oft so genanntes) 2. Programm zu gestalten. Wie war es bei uns? Kurz gesagt: mit vielen Höhen und echten Durststrecken! Folgende Problembereiche haben sich dabei herauskristallisiert:

1. Dauerhaftes Interesse des Zielpublikums: Menschen für eine neue Form des Gottesdienstes zu interessieren, ist mit einem entsprechenden Werbeaufwand nicht besonders schwierig. Die Neugierde, „was denn die Kirche da Neues macht", ist aber schnell befriedigt und vor allem die Kerngemeinde gewöhnt sich schnell daran. Auch das persönliche Einladen von Nachbarn, Freunden, Verwandten und Kollegen ist als Daueraufgabe in einer Gemeinde ohne missionarische Tradition eine ungeheure Herausforderung. Bei uns hat sich im Laufe der Jahre eine Kerngruppe von Menschen gebildet, die sehr regelmäßig zu *Kirche anders* kommt. Ein weiterer Kreis von vor allem Familien kommt je nach individueller Zeitplanung – je deutlicher *Kirche anders* kein singuläres „Gemeindefest" ist, desto mehr plant auch der grundsätzlich sehr interessierte Besucher nicht nach dem *Kirche anders*-Terminkalender, sondern fragt nach seiner individuellen Planung, ob sich ein *Kirche anders*-Besuch heute machen lässt. Als zweites Kriterium für den Besuch hat sich das Thema herausgebildet: Es ist am Publikum ablesbar, ob es um ein Erziehungsthema geht oder um Umgang mit Leid. Selbst wenn jedes Thema in seiner Gestaltung auf die Hauptzielgruppe ausgerichtet ist, wird der Besuch an der unmittelbar erkennbareren Betroffenheit vom Thema abhängig gemacht.
Um weiterhin ein kirchendistanziertes Publikum anzusprechen, lebt *Kirche anders* von immer neuen Besuchern (wer über Jahre regelmäßig kommt, ist irgendwann nicht mehr Zielpublikum!). Dazu ist nicht nur der beschriebene dauerhafte persönliche Einsatz der Kerngemeinde erforderlich, sondern auch eine bleibende Imagewerbung – obwohl *Kirche anders* in Bad Vilbel allgemein bekannt ist. Vergleiche dazu Kapitel 3.2.

Ebenfalls neu diskutiert wurde nach geraumer Zeit die Frage nach Interessierten aus dem Umfeld von Bad Vilbel. Ausdrücklich haben wir uns die bleibende Orientierung an den Gottesdienstdistanzierten Bad Vilbeler Mitbürger/innen zum Ziel gesetzt. Auch dazu mehr in Kapitel 3.2.

2. Dauerhaftes Engagement der Mitarbeiter/innen: In allen Bereichen unserer Gesellschaft ist es heute bei weitem leichter, Menschen für die Mitarbeit an einem zeitlich und inhaltlich klar befristeten und umrissenen Projekt zu gewinnen. Dauerhaftes Engagement widerspricht der Vorstellung individueller Freiheit und flexibler Zeitgestaltung. Mit dem Saisoncharakter haben wir dem bei *Kirche anders* von Anfang an Rechnung getragen. Als sehr gut und wichtig hat es sich erwiesen, dass durch die Sommerpause tatsächlich ein kreatives Auftanken und Einstellen auf die neue Saison möglich ist. Zu unserem Glück gab es aber in den Teams nur eine geringe Fluktuation – viele sind seit den Anfängen im Jahr 1996 auch heute noch dabei.

Trotzdem gibt es klar erkennbare Motivationslöcher und zeitweise Unterbesetzungen. Letzteres haben wir vor allem bei den Hintergrundaufgaben erlebt: Während es immer eine große Anzahl von Interessenten für die Theatergruppe gab, war die Bereitschaft zur kreativen Raumgestaltung oder zur verantwortlichen Betreuung der Technik ein stetes Problem. Mit der Einsatzbereitschaft und Motivation der mitarbeitenden Ehrenamtlichen angemessen und sensibel umzugehen, ist für die Leitung/die Hauptamtlichen eines Projektes wie *Kirche anders* die auf Dauer gesehen Wichtigste aller Aufgaben! Pfarrer/innen sind bei *Kirche anders* o. Ä. nicht bei der eigentlichen Durchführung unersetzlich, enorm wichtig aber in der fürsorglichen Begleitung der Teams.

Für uns war es eine große Erleichterung, als im Frühjahr

2000 mit Ulrike Mey eine neue Pfarrerin in die Gemeinde kam, die einen halben Projektauftrag für *Kirche anders* hat. Als ihr Amtsvorgänger in den Ruhestand ging, wurden die der Gemeinde zustehenden Pfarrstellen von drei auf zweieinhalb gekürzt. Gleichzeitig genehmigte die Kirchenleitung auf unseren Antrag hin die (auf vier Jahre befristete) Projektstelle für *Kirche anders* und den damit verbundenen Gemeindeaufbau. Dies ist alles andere als selbstverständlich und zeigt das grundsätzliche Interesse kirchenleitender Stellen an neuen Wegen zum gottesdienstlichen Gemeindeaufbau. Zudem war die erfolgreiche Arbeit von vier Jahren *Kirche anders* die eigentliche Begründung des Stellenantrags – nicht das Aufbauziel eines besucherorientierten Gottesdienstes wurde mit einer halben Pfarrstelle unterstützt, sondern die kontinuierliche Weiterarbeit eines erfolgreich gestarteten Projekts.

3. *Kirche anders* lebt bereits im Namen von der Veränderung – schon die erste Imagewerbung hatte die *Anders*artigkeit zum einzigen Inhalt gemacht. Wenn *Kirche anders* dann über Jahre existiert, kommt es fast zwangsläufig zur „Liturgisierung der Andersartigkeit“: Die Abfolge der Elemente von *Kirche anders* werden den regelmäßigen Besuchern so vertraut wie den Besuchern des traditionellen Gottesdienstes dessen Liturgie. Diese Standardisierung auch eines *anderen* Gottesdienstes ist weder zu vermeiden noch an sich negativ – wichtig ist aber, dass man darum weiß! Weder kann ich über Jahre jeden besucherorientierten Gottesdienst nur um eines Überraschungseffektes willen neu erfinden, noch wäre dies gerade für die Dauerbesucher sinnvoll: Die Menschen kommen nicht, weil sie immer etwas Neues erleben wollen, sondern weil ihnen gerade die bei *Kirche anders* entdeckte Form gefällt. Wie für die Besucher des traditionellen Gottesdienstes gibt es auch hier eine durchaus positive Gewöhnung an einen vertrau-

ten Ablauf. Das heißt nicht, dass es ab und an Specials und Abweichungen geben kann und sogar sollte: Die Besucher von *Kirche anders* haben sich als offen für neue Formen erwiesen (sonst wären sie nicht irgendwann zum ersten Mal gekommen). Dies ab und an wieder zu erleben, lockert nicht nur eine Saison auf, sondern bestätigt das Stammpublikum in seiner Einschätzung, dass *Kirche anders* von Innovation lebt.

4. Weiterentwicklungen im üblichen *Kirche anders*-Ablauf gab es in der Reflexion der Themeneinstiege. Dank vieler guter Ideen und Einstiegsaktionen zu Themen hatten wir oft eine Überfrachtung des Eingangsteiles. Beispiel: Der Eingangsteil bei *„fit for fun"*: Beim Ankommen konnten die Besucher Trampolin oder Seil springen oder sich anderweitig sportlich einstimmen. Die Moderation hat locker und spritzig eröffnet, indem sie sich ebenfalls mit verschiedenen Fitnessutensilien beschäftigte. Anschließend wurde „Es lebe der Sport" von CD eingespielt. Das Theater spielte im Fitnessstudio und die Predigt begann mit einem Pfarrer auf Inlinern im Talar und diversen persönlichen Sport-(miss)erfolgen. Die Aufnahme jeder einzelnen guten Idee kann zu einem riesigen Überangebot an Themeneinstiegen führen. Dies wird nicht nur trotz aller Aktionen langweilig, es raubt einem vor allem die Zeit für die inhaltliche Beschäftigung mit dem Thema!
Verändert haben wir den Gebetsteil gegen Ende von *Kirche anders.* Für alle, die dies wollen, bieten wir seit geraumer Zeit mit den bereits beschriebenen „Fürbittzettel" eine Mitwirkung an. Dabei soll keiner zum Beten genötigt werden, es soll aber deutlich werden, dass auch für die Anliegen der Besucher/innen gebetet werden kann.
Dauerhaft bis heute ist aber das Mitsingen Diskussionsthema geblieben (Näheres dazu in Kapitel 3.9). Auch wenn wir heute bei geeigneten Liedern per PC und Video-

Begrüßungsaktion bei „fit for fun" mit Arndt Faludi

beamer die Texte auf die Bühnenleinwand projizieren, gibt es doch weiterhin bei *Kirche anders* keinen Mitsing-/Lobpreisteil. Neue oder distanzierte Besucher/innen sollen nicht vereinnahmt werden.
Als neues Element ist das *Café anders* für den unmittelbaren Anschluss an *Kirche anders* dazugekommen (siehe Kapitel 3.13).

5. Verkündigung: Was wollen wir mit unseren Predigten erreichen? Deutlicher als beim traditionellen Gottesdienst und erleichtert durch die funktionierende Teamarbeit in der Predigtgruppe haben wir diese Frage kontinuierlich bedacht. Die Ergebnisse sind weder wirklich neu noch auf *Kirche anders* zu beschränken, sie haben aber die Predigten bei *Kirche anders* nachhaltig verändert: Klarer als am Anfang konzentrieren wir uns in den Predigten auf die Basics des christlichen Glaubens und unterstreichen den herausfordernden Charakter der Guten Botschaft. Zwar wird im verbreiteten und angenehmen „Kuschelclub-Christentum" unserer Zeit die Liebe Gottes bestens vermittelt, ihre Provokation für den Alltag und die Herausforderung für das so behaglich eingerichtete Leben wird dabei allerdings meist unterdrückt. Die Botschaft Jesu will nicht nur Nicht-Christen zu einem Leben in der Gemeinschaft mit Gott und der Nachfolge Jesu herausfordern, sondern auch langjährige Christen zu einem Wachstum im Glauben und zu nächsten Schritten auf dem Weg der Nachfolge. Damit ist der Anspruch der Predigt mehr als nur ein Aufruf zur Bekehrung an Nicht-Christen, es ist die dauerhafte Auseinandersetzung mit den Provokationen des Neuen Testamentes.
Was heißt das konkret? Beispiele:

- Bei *„fit for fun"* gab es für alle Besucher einen Trainingsplan für den christlichen Mehrkampf in sechs Disziplinen. 1. Mund halten und nicht alles aussprechen, sondern zuerst denken. 2. Augen für andere haben und deren Bedürfnisse wahrnehmen. 3. Behutsamkeit im Umgang mit anderen. 4. Bibel lesen und beten als Ausdruck einer Orientierung des Lebens auf Gott hin. 5. Glauben bewusst und öffentlich leben. 6. Das Leben feiern, Gemeinschaft erfahren, die Freude der frohen Botschaft erfahren. – In einem Trainingsplan für einen

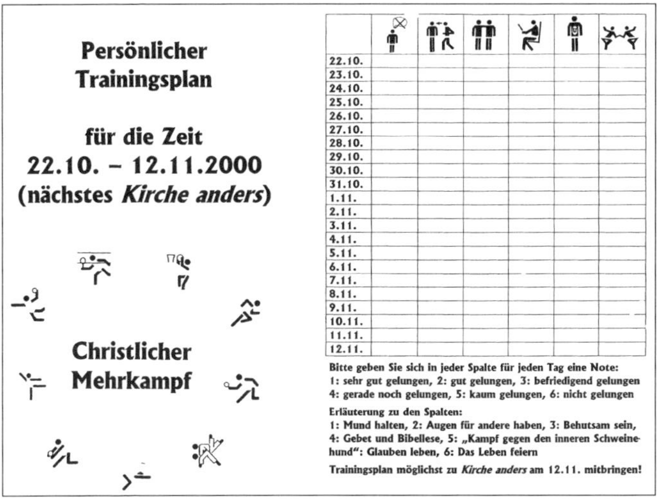

Persönlicher Trainingsplan

für die Zeit 22.10. – 12.11.2000 (nächstes *Kirche anders*)

Christlicher Mehrkampf

	1	2	3	4	5	6
22.10.						
23.10.						
24.10.						
25.10.						
26.10.						
27.10.						
28.10.						
29.10.						
30.10.						
31.10.						
1.11.						
2.11.						
3.11.						
4.11.						
5.11.						
6.11.						
7.11.						
8.11.						
9.11.						
10.11.						
11.11.						
12.11.						

Bitte geben Sie sich in jeder Spalte für jeden Tag eine Note:
1: sehr gut gelungen, 2: gut gelungen, 3: befriedigend gelungen
4: gerade noch gelungen, 5: kaum gelungen, 6: nicht gelungen

Erläuterung zu den Spalten:
1: Mund halten, 2: Augen für andere haben, 3: Behutsam sein, 4: Gebet und Bibellese, 5: „Kampf gegen den inneren Schweinehund“: Glauben leben, 6: Das Leben feiern

Trainingsplan möglichst zu *Kirche anders* am 12.11. mitbringen!

Monat konnten Besucher für jeden Tag eine selbst reflektierte Benotung eintragen.

- Bei *„Hier Gott, wer da? – beten, was bringt's“* wurde detailliert über Zeiten fürs Beten, Orte, Inhalte, Fehler und die Antwortwege Gottes berichtet. Um ganz praktische Antworten und erste Schritte mit Umsetzungsvorschlägen ging es auch bei *„Glaube, was bringt's?“* und *„Glaube, wie geht's?“*.

- Hinterfragt und mit der ethischen Herausforderung des Neuen Testamentes konfrontiert haben wir den Alltag der Besucher in Bezug auf den persönlichen Umgang mit Geld bei *„Wie stehn die Aktien?“* – Weltwirtschaftsthemen und die globale Gerechtigkeitsfrage wurde nicht ausgeklammert, am Ende aber auf die individuellen Fragestellungen konzentriert. Dasselbe gilt für die Themenbereiche Erziehung, Sexualethik, Umgang mit Fremden, Ehefragen und anderes.

Gerade bei den individualethischen Fragen ist uns deutlich geworden, dass wir sie nicht nur als Folie für eine missionarische Predigt benutzen dürfen, sondern dass Besucher/innen interessiert sind an Antworten (selbst unvollständigen und vorläufigen) von uns als Christ/inn/en zu den konkreten ethischen Themen. Der Titel darf nicht nur Alibi sein für eine missionarische Predigt. Im Thema die Alltagsbezüge und Herausforderungen für Christen zu entdecken, ist die nicht einfache, aber sehr spannende Aufgabe der Predigtgruppe.

6. Genau diese Predigtgruppe hat sich bei der Veränderung der Leitungsstrukturen im Laufe der Zeit gewandelt: Sie wurde zusammengelegt mit dem Leitungsteam einer konkreten *Kirche anders*-Veranstaltung. In diesem Team wird sowohl das Ziel, der Ablauf als auch die Predigt besprochen. Dies hat sich klar bewährt, weil die Behandlung der Themen deutlicher „aus einem Guss" ist und zugleich die haupt- und ehrenamtliche Arbeitskraft effizienter als zuvor eingesetzt wird.

7. Stark weiterentwickelt hat sich in den Jahren die Technik – nicht nur durch den Einsatz der eigenen „die anders Band", sondern vor allem durch die Perfektionierung mit Funkmikrophone, Headsets und der PC-gestützen Präsentation anstelle des bisherigen Videobeamers. Die Probleme des Technikeinsatzes und eine kritische Würdigung der Technik ist in Kapitel 3.4 nachzulesen.

In alle Veränderungen eingeflossen sind natürlich vor allem die Erfahrungen bei den größten Flops:

– Flopgefahr Nummer 1 ist die Technik: Wenn sie nicht oder schlecht funktioniert, lenkt sie ebenfalls Aufmerksamkeit auf sich statt auf den Inhalt wie bei einem übermäßigen Einsatz. Technik ist nie Selbstzweck, sondern immer Mittel zum Zweck. Nicht zuletzt das macht die Hintergrundarbeit im Team so schwierig.

- *Kirche anders* beim Stadtkirchentag: Als *Kirche anders-Special* hatten wir eine Veranstaltung auf einem Stadt-Kirchentag am Samstagnachmittag auf einem zentral gelegenen Platz vorgesehen. Das offene Ambiente war zwar sehr schön, entsprach aber nicht unseren *Kirche anders*-Gepflogenheiten: Keine Leinwandpräsentation war am Spätnachmittag des Septembersamstages zu lesen, dafür war es bereits sehr kalt, viele hatten bereits einen ganzen Tag „Kirche“ hinter sich und keine Lust mehr, für eine inhaltliche Predigt war die Open-air-Atmosphäre viel zu unruhig – kurz: Es hätte mit einigen Veränderungen durchaus ein schöner Open-air-Gottesdienst werden können, aber nicht unter dem geprägten Vorzeichen von *Kirche anders* an anderem Ort, zu anderer Zeit und vor allem in völlig anderem Rahmen.
- Ein echter Flop trat mehrfach auf, bis wir ihn richtig bemerkten: Die bereits oben in diesem Kapitel beschriebenen fünf verschiedenen Themeneinstiege durch Musik, Theater, Moderation, Predigt und das ganz besondere Special waren in ihrer Fülle einfach zu viel.
- Ganz problematisch haben wir den Einsatz von Gästen bei *Kirche anders* erlebt. So gut es war, eine Gebärdendolmetscherin dabei zu haben, als es um den Umgang mit Behinderungen ging, so schwierig war die inhaltliche Mitwirkung von Gästen. Als es um Erziehungsfragen ging, wollten wir eine Talkrunde mit Fachleuten veranstalten (eine Mutter, ein Vater, ein Kinderpsychologe, eine Erzieherin). Im *Kirche anders*-Rahmen hatten wir dazu viel zu wenig Zeit; alle konnten nur sehr allgemeine Grundsatzaussagen treffen. Zudem wurde die konkrete Zuspitzung, was denn Erziehung für Christen bedeutet, in dieser offenen Runde nicht wirklich deutlich.

Genau dies war auch das Problem beim Besuch eines Gewerkschaftsvertreters zum Thema Arbeitslosigkeit, auch wenn er durch ein Teammitglied ergänzt wurde und sich um eine Integration in den *Kirche anders*-Rahmen bemühte. Fazit: Auch (oder sogar erst recht) ein besucherorientierter Gottesdienst braucht die klare christliche Zuspitzung.

Und die Highlights? Zum einen waren natürlich die ganz normalen *Kirche anders* toll, wenn die inhaltliche Umsetzung uns selbst überzeugte und dazu noch der Saal richtig voll war! Zum anderen hatten wir als Höhepunkte der jeweiligen Saison immer wieder Specials:

- Am 22. 12. 1996 haben wir bei „Happy Birthday Jesus" eine (Weihnachts-)Geburtstagsfeier für Jesus gemacht – zudem noch im Jahr 4 vor 2000 und damit gemäß der theologischen Annahme, dass Jesus in diesem Jahr „4 vor Christus" geboren wurde! Die Rahmenhandlung war eine Generalprobe für die Geburtstagsfeier, in die Musik, Predigtgedanken über Weihnachten, Theater etc. integriert wurden. Mit Wunderkerzen, Geburtstagstorte und den Kindern aus dem Kinderprogramm wurde schließlich miteinander gefeiert.

- Im September 1997 fand das beschriebene *Kirche anders* im Rahmen des Stadt-Kirchentages statt – kein Top, sondern ein Flop, als *Kirche anders-Special* hier aber kurz noch einmal erwähnt!

- In der Adventszeit 1998 gab es wiederum ein Weihnachtsspecial, bei dem Clemens Bittlinger mit eigenen Liedern zu Gast war. Trotzdem wurde der Rahmen von *Kirche anders* nicht zugunsten eines Konzertes aufgegeben. Theater, Moderation und eine Impulspredigt wurden um der Erkennbarkeit willen beibehalten, auch wenn der musikalische Schwerpunkt eindeutig und gewollt war.

– Zur Jahrtausendwende gab es ein *Special* zu schwieriger Zeit: Am Silvesterabend zur vertrauten Zeit um 17 Uhr. Der Titel *„... bis uns der Himmel auf den Kopf fällt"* wies bereits auf den „roten Faden" hin: Asterix und Obelix hatten Angst vor dem Jahrtausendwechsel, erlebten natürlich diverse Überraschungen („Kleopatra" beeindruckte Obelix mit einem Bauchtanz ...), begegneten Menschen unserer Zeit mit ihren Zukunftsängsten und hörten die Predigt über Zukunftsangst und christliche Zukunftsaussagen.

– Rückblick und Ausblick standen im Februar 2001 im Vordergrund. Mit *„Give me 10 – fünf Jahre Kirche anders"* wurde Jubiläum gefeiert. Dabei gab es vor allem Insidereinblicke in die Hintergrundarbeit von *Kirche anders.* Wie arbeitet die Predigtgruppe (siehe Kapitel 3.5)? Über das Chaos einer Generalprobe! Selbstironisches der „Zufallstreffer" und der Theatergruppe … Vorgestellt wurde hier erstmals das *Kirche anders*-Lied, geschrieben und vorgetragen durch nicht-kirchliche Bad Vilbeler Lokalprominenz.

- Wieder ein Jubiläum war Feieranlass am 22. Dezember 2002. Das 50. *Kirche anders* wurde als große Party kurz vor Weihnachten mit: „Power Putten – Engel im Weihnachtsstress" gefeiert – und der Kirchenpräsident der Evangelischen Kirche in Hessen und Nassau war dabei; gleichzeitig allerdings bis heute der einzige Besuch eines Kirchenführers bei *Kirche anders*, obwohl die Arbeit mit der Einrichtung der halben Projektstelle seit mehreren Jahren wahrgenommen und gewürdigt wird.

Was war sonst Besonderes in den Jahren seit 1996?
Die Einsätze bei den Kirchentagen in Leipzig 1997, Stuttgart 1999 und Frankfurt 2001 waren einerseits für das Team Höhepunkte, andererseits ein erheblicher Krafteinsatz gerade in der Erholungsphase der Sommerpause – beim Kirchentag in Berlin 2003 werden wir einfach nur konsumieren.
Mit Predigtauszügen, Liedern der Zufallstreffer und von René DiRienzo (Liedtexter des *Kirche anders*-Liedes) und Theaterszenen gibt es eine CD von *Kirche anders.* Sie dient Interessierten anderer Gemeinden als Demoversion und ist für Mitwirkende und regelmäßige Besucher eine schöne Erinnerung. Auch die „Zufallstreffer" haben inzwischen eine CD aufgenommen und „Die anders Band" hat die feste Absicht dazu!
Und dann war da die aus dem *Kirche anders*-Prozess erwachsene Veränderung der ganzen Gemeinde, die in den Exkursen dieses Buches nachzulesen ist, und die sich weiter intensivierende Beziehung zu Willow-Creek-Deutschland (siehe dazu Kapitel 5.).

Glauben gemeinsam gestalten: eine Gemeinde mit Gemeinschaft

- Gerade gegen den Privatisierungstrend sind gemeinschaftliche Erlebnisse in Gottesdiensten, Gruppen und auf Freizeiten prägender als alle kognitiven Erfahrungen.
- Hauskreise und Mitarbeiterteams sind die Kernzelle der erfahrbaren Gemeinschaft, sie sind die eigentlich erlebbare Gemeinde.
- Abseits der Alltagsrealitäten werden Glaube und Gemeinschaft auf Freizeiten in besonderer Weise erfahrbar. Dies gilt gleichermaßen für Kinder-, Jugend- oder Familienfreizeiten und ganz besonders für die Konfirmandenarbeit.
- Grundlage für alle Gemeinschaft ist eine Atmosphäre der gegenseitigen Annahme und eines selbstverständlich-fröhlichen Miteinanders.

Wissen Sie, was den Eltern heutiger Konfirmanden am stärksten aus der eigenen Konfirmandenzeit in Erinnerung geblieben ist? Wir haben dies in vielen Jahren beim ersten Elternabend gefragt. Die Antworten hatten einen klaren roten Faden: Negativ war das viele Auswendiglernen, unterschiedlich waren die Erfahrungen mit der Person des Pfarrers/der Pfarrerin, einhellig positiv waren die Erinnerungen an Gemeinschaft und Konfirmandenfreizeiten. Die Erfahrung von Gemeinschaft wird für die eigene Biographie sehr hoch eingeschätzt. Dem entgegen steht der gesellschaftliche Trend der Privatisierung und Individualisierung: Gemeinschaftliche Erlebnisse in Gottesdiensten, Gruppen oder auf Freizeiten scheinen überflüssig, erst recht für den Glauben: „Glauben kann ich auch für mich alleine bei mir zu Hause" ... Gelingt es uns als Kirchengemeinden, an die positiven Erfahrungen der Lebensbiographien anzuknüpfen und Gemeinschaft erfahrbar zu machen, oder resignieren wir angesichts scheinbar übermächtiger allgemeiner Trends?

Modell von Willow Creek ist es, nicht eine Gemeinde **mit** Kleingruppen zu sein, sondern eine Gemeinde **aus** Kleingruppen: Hauskreise und Mitarbeiterteams sind die Kernzelle der erfahrbaren Gemeinschaft, sie sind die eigentlich erlebbare Gemeinde. Gottesdienste und andere übergreifende Veranstaltungen sind Ort des Zusammenseins aller Kreise und Teams. In Bad Vilbel haben wir in den letzten Jahren unsere gesamte Mitarbeiterschaft in Teams (z. T. mit überschaubaren Unterteams) aufgegliedert. Keiner soll in unserer Gemeinde mitarbeiten, ohne in einem konkreten Team Gemeinschaft erfahren und im Glauben wachsen zu können. Dies gelingt in manchen Teams sehr gut, in anderen nur ansatzweise. Mit bis heute sechs Bibel-Hauskreisen ist der andere Bereich der Kleingruppenarbeit bei uns erst im Aufbau: Einer unserer derzeitigen Schritte im Aufbau der Gemeinde ist die Schulung und Stärkung möglicher ehrenamtlicher Hauskreisleiter.

Während Teams und Hauskreise die kontinuierliche und verbindliche Gemeinschaft im Alltag darstellen, sind Freizeiten für viele die Highlights für das Miteinander. Für Kinder, Jugendliche und Familien gibt es eine Vielzahl von Möglichkeiten, Wochenenden, Wochen oder in den Sommerferien auch vierzehn Tage miteinander zu verbringen. Selbstverständlicher Bestandteil aller Freizeitaktivitäten sind Andachten, Gebete, Gottesdienste und Gespräche über den Glauben. Der übrigen Entwicklung der Gemeinde entsprechend sind dafür mehr und mehr nicht nur die „Fachleute" zuständig, sondern „Menschen wie du und ich", die ihr Christsein im Alltag ernst nehmen und glaubwürdig leben wollen. Als besondere Möglichkeiten im Familienbereich haben sich Familien-Skifreizeiten und Vater-Kind-Wochenenden entwickelt. Gerade Letztere stoßen auf enorme Resonanz und sprechen damit zugleich eine (Väter-)Klientel an, die ansonsten in unseren Gemeinden wenig vorkommt.

Basis für die gemeinschafts- und erfahrungsbezogene Freizeitarbeit mit Jugendlichen ist bei uns das „Konfirmandenseminar" geworden. Es findet für neun Tage in den Oster-

Wanderung beim Vater-Kind-Wochenende im Taunus

ferien statt und ersetzt für die Hauptkonfirmanden den wöchentlichen Unterricht. Als „Seminar" unterscheidet es sich bewusst von einer „Freizeit", hat aber mit der Distanz zum Alltag und im Vergleich zum Konfirmanden„unterricht" trotzdem Freizeitelemente, die das Erleben und Einüben von Glauben erleichtern. Wie auch die Vorkonfirmandenzeit und die ergänzenden Angebote für Kinder und Jugendliche sind diverse ältere Jugendmitarbeiter (in der Regel derzeit Studierende) in die Leitungsteams integriert – nicht als helfende Zuarbeiter, sondern als verantwortliche Mit-Leiter. Neben der Erfahrung von Gott, Glauben und Gebet hat das Konfirmandenseminar das Ziel, den Jugendlichen über ihre Konfirmation hinaus Mut zu machen, ihren Glauben in Gemeinschaft zu (er)leben und sich aktiv in die Gemeinde einzubringen. Etwa 40 % der Konfirmandinnen und Konfirmanden der letzten drei Seminare ist bis heute in unterschiedlichen Teams aktiv, weitere besuchen als Teilnehmer Jugendgottesdienste, Treffen oder Freizeiten.
Kern des Miteinanders und der erlebbaren Gemeinschaft ist aber in allen Bereichen der Gemeinde die Atmosphäre. Nur

wenn Menschen gerne in Gottesdienste, Kreise und zu Freizeiten kommen, können sie Gemeinschaft erfahren und geben. Nur wenn eine lebensbezogene und lebensbejahende fröhlich-natürliche Frömmigkeit praktiziert wird, kann Gemeinschaft auch mit Gott spürbar werden – und so die geschwisterliche Gemeinschaft unter uns entscheidend mitprägen. Diese gemeinschaftsorientierte Atmosphäre kann auf vielerlei Art deutlich werden: in Zeiten vor und nach Gottesdiensten (wie z.B. beim Aufeinander-Zugehen im Kirchencafé), im Gemeindebüro als Kommunikationszentrum, in der Rahmengestaltung von Teamtreffen (Getränke, Knabbersachen, Raumgestaltung, Zeit zum persönlichen Gespräch) etc.

5. Wohin mit *Kirche anders* – „wie soll es jetzt weitergehen?"

- *Kirche anders* ist ein Teil unserer Gemeinde – alle Fragen nach der Zukunft von *Kirche anders* sind eine Frage nach der Zukunft der gesamten Gemeinde.
- Je schneller und intensiver sich eine Gemeinde entwickelt, desto dringlicher ist die kontinuierliche Reflexion des Weges und Begleitung der Mitarbeiter/innen.
- Nach besucherorientierter Öffnung und Vielfalt der Angebote brauchen wir geistliche Tiefe und Herausforderung für Mitarbeitende und Besucher/innen.
- Auch als „Gemeinde unterwegs" brauchen wir Unterstützung durch ökumenische Partner und das Netzwerk von Willow Creek.
- Als „Gemeinde unterwegs" sehen wir die missionarischen Chancen für andere volkskirchliche Gemeinden.

Nach 50-mal *Kirche anders* schreiben wir auf Bitte des Claudius Verlages dieses Buch über unsere Gemeindearbeit und -entwicklung in den vergangenen Jahren. Ohne Zweifel ist auch dies ein Anlass zum Innehalten für eine Standortbestimmung und zum Ausblick, wo es in den kommenden Jahren hingehen soll.
Unabhängig aber von äußeren Anfragen ist diese kritische Selbstwahrnehmung nicht nur Voraussetzung für besucherorientierte Gottesdienste und jeden gezielten Gemeindeaufbau, sondern kontinuierliche Aufgabe. Nach gut zehn Jahren der Öffnung, Veränderung und dem gezielten Aufbau der Gemeinde sehen wir uns heute vor diesen grundlegenden Herausforderungen – spezifisch in unserer Gemeinde, gewiss aber in ihren wesentlichen Aussagen allgemeingültig und beispielhaft für einen Gemeindeaufbauprozess:

1. Mehr denn je müssen wir auf die begrenzte Einsatzfähigkeit der haupt- und der ehrenamtlichen Mitarbeiter/innen der Gemeinde Rücksicht nehmen. Neue Aufgaben dürfen nur übernommen werden, wenn dafür neue Mitarbeiter unter neuer geeigneter Leitung zur Verfügung stehen und die eventuell notwendige hauptamtliche Begleitung mit anderer Entlastung verbunden ist.
2. Trotz aller Kontinuität im Mitarbeiterteam von *Kirche anders* brauchen wir neue Menschen, um bisherige Mitwirkende zu entlasten und langfristig neue Persönlichkeiten an die Leitung heranzuführen.
3. Angesichts der Vielzahl von Gottesdiensten, Gruppen, Angeboten und Mitarbeiterteams braucht die Gemeinde eine regelmäßige Kontrolle über den zukünftigen Weg der Gemeinde. Wer in der Gemeindeleitung mitwirkt, hat damit eine sehr verantwortliche Position übernommen. Demokratische Entscheidungswege (Wahlen zum Kirchenvorstand) einerseits und geistliche Gabenorientierung andererseits passen nicht immer zusammen – Bekanntheitsgrad und Begabung zur Leitung sind nicht dasselbe.
4. Gerade nach einigen Jahren besucherorientierter Gottesdienste, nach zehn Jahren Krabbelgottesdienst, intensiver Kita-Elternarbeit, umfassender Familienarbeit und diversen Kinderangeboten zeigt sich, wie verbunden viele Erwachsene der Zielgruppe der 30–50-Jährigen inzwischen der Gemeinde sind. Diese zu nächsten Schritten im Glauben an Gott und in der gelebten Nachfolge Jesu herauszufordern, ist zugleich eine geistliche Aufgabe im Dienst am einzelnen Menschen und auch wichtig für den weiteren Aufbau der Gemeinde. Sie sollen sich aktiv in die Gemeinde einbringen. Aus „Das macht *ihr* toll in der Kirche“ muss schrittweise werden „ich fühle mich sehr wohl in *meiner* Gemeinde“ und ein „mir ist der Glaube für mein Leben wichtig geworden“.

5. Als „Gemeinde unterwegs“ sehen wir gerade für uns die Notwendigkeit, nicht nur an andere unsere Erfahrungen weiterzugeben, sondern zugleich für die eigene weitere Entwicklung von anderen angeregt zu werden. Die bestehenden ökumenischen Partnerschaften der Gemeinde nach Venda in Südafrika und nach Hull in England sowie in zwei Gemeinden in Thüringen und Sachsen sind für die Gruppen und Teams unserer Gemeinde eine ungeheure Chance, über den mittelhessischen Gemeinde-Tellerrand hinauszublicken. Dies gilt in besonderer Weise für die ökumenische Weite und geistliche Vielfalt in der Willow Creek-Bewegung. Während wir es als unsere Aufgabe ansehen, vor allem Gemeinden im evangelisch-volkskirchlichen Bereich zur Teilhabe am Willow-Netzwerk zu ermutigen, erkennen wir weiterhin die für uns fruchtbaren Folgen von Teil-

Klaus Neumeier vor der Willow-Creek-Gemeinde bei Chicago mit der ehrenamtlichen Willow-Mitarbeiterin Ute van Stockum

nahmen an deutschen Kongressen, dem Austausch unter Gemeinden oder von Besuchen in Willow Creek bei Chicago selbst. Dieses Profitieren von den Erfahrungen anderer erinnert uns zum einen daran, dass wir nicht bereits „rollende Räder" selbst neu erfinden müssen (wohl aber zu schauen haben, wie sie auch bei uns rollen können!), zum anderen erinnert es uns an die Gemeinsamkeit der Christenheit weit über den gemeindlichen Horizont hinaus. Viele Christen machen diese Erfahrungen alle zwei Jahre beim Kirchentag – es liegt an uns selbst, weitere und inhaltlich mindestens so fruchtbare Gelegenheiten für „geistliche Events" zu suchen und für uns selbst und unsere Gemeinde zu nutzen.

6. Wie bereits angedeutet, wollen wir in besonderer Weise Gemeinden in den evangelischen Landeskirchen Deutschlands ermutigen, konsequent und geistvoll ihre Gemeinde gezielt zu verändern. Das Bedenken des Themas „Mission" auf der EKD-Synode 1999 war einerseits ermutigender Ausdruck eines neuen Missionsverständnisses in den evangelischen Volkskirchen, zeigte im Nachhinein aber (leider vor allem auch in unserer Landeskirche), wie schwer sich Volkskirche noch immer tut, den Begriff der Mission neu zu definieren und mit Leben zu füllen. Als missionarische Gemeinde verstoßen wir weder gegen die individuelle Religionsfreiheit noch übernehmen wir Methoden von Kolonialismus und Zwangstaufe. Wohl aber wollen wir im Sinne des Evangeliums dessen Alltagsnähe und Herausforderung für das ganz normale Leben für uns ernst nehmen und Zuspruch und Anspruch anderen weitergeben. Für diese Weitergabe der Botschaft bietet die Volkskirche auch heute enorme Chancen. Es ist unsere Entscheidung, sie zu nutzen oder brach liegen zu lassen.
7. Bei allem Einsatz bei Kirchentagen, für Willow Creek-Deutschland und in der Ökumene bleibt aber *Kirche*

Die Zufallstreffer bei Kirche anders

anders mit seinem Leitungsteam zuerst für die Gemeinde in Bad Vilbel wichtig.

8. Am besten wäre es, wenn schon sehr bald kein Mensch mehr Handreichungen wie diese kaufen würde, weil ihr Inhalt volkskirchliches Allgemeingut geworden wäre – und dass gewiss nicht, weil alle Gemeinden wie wir wären, sondern weil die gezielte Veränderung der Gemeinden Wirklichkeit geworden wäre:
   … *Kuno Kirchenfern* überall besucherorientierte Gottesdienste finden würde, weil Gemeinden ihren Auftrag an Distanzierten neu entdeckt haben.
   … Haupt- und Ehrenamtliche geschwisterlich Gemeinde leiten und in ihnen miteinander arbeiten.
   … eine fröhliche, lebensbejahende Atmosphäre unsere Kirchen und Gemeinderäume durchdringt.
   … Gemeinschaft mit Gott und Menschen in Gottesdiensten, Gruppen und auf Fahrten nicht nur proklamiert wird, sondern erfahrbar ist.
   … der Aufbau von Gemeinde nicht durch vorschnelle Polarisierungen in alt und modern, traditionell und zeitgemäß be- oder verhindert wird.
   … Gott die gezielte Veränderung von Gemeinden sichtbar segnet.

Anhang

Kirche anders-Themenliste 1996–2002

25.02.1996	Maskerade – auf der Suche nach mir selbst
10.03.1996	Hab' keine Zeit – auf der Suche nach der verlorenen Zeit
24.03.1996	Am dritten Tag aus dem Grab geklaut – auf der Suche nach der Wahrheit der Auferstehung Jesu
29.09.1996	Oh Gott, oh Gott! – Gibt's dich überhaupt?
20.10.1996	Mensch wie ungerecht – Vom Recht zur Gerechtigkeit
10.11.1996	Wie bastel ich mir meinen Gott? – Der religiöse Markt der Möglichkeiten
22.12.1996	Happy Birthday Jesus
02.02.1997	Würde Jesus BILD lesen? – Von Channel-Hoppern und Net-Surfern
23.02.1997	… es rappelt in der Kiste – Wie (v)erziehe ich mein Kind
16.03.1997	Ich glaub', Gott steht im Wald – Christsein ohne Kirche
20.09.1997	Lebensträume – na dann gute Nacht
12.10.1997	multikulti – Wer hat Angst vorm Schwarzen Mann
09.11.1997	Leid – … wo ist denn nun dein Gott?

30. 11. 1997	Beziehungskisten – (gem-)einsam sind wir unausstehlich
08. 02. 1998	Naturwissenschaft – Als der liebe Gott den Urknall erfand
01. 03. 1998	Gentechnik – Dr. Frankensteins schöne neue Welt
22. 03. 1998	Money, Money – ohne Moos nix los
01. 11. 1998	Wunder gibt es immer wieder!
22. 11. 1998	Klappe zu, Affe tot – was dann?
13. 12. 1998	… aus heiterem Himmel
24. 01. 1999	Hilfe, meine Eltern werden alt!
21. 02. 1999	Sex – Freude schöner Götterfunken
14. 03. 1999	KKK (Kinder, Küche, Kirche)
18. 04. 1999	Bin ich als Christ der letzte Depp?
24. 10. 1999	JeMoBud – Ist Christsein der einzige Weg?
14. 11. 1999	Macho, Macho – Wann ist ein Mann ein Mann?
05. 12. 1999	„Hier Gott, wer da?“ – Beten, was bringt's?
31. 12. 1999	… bis uns der Himmel auf den Kopf fällt
23. 01. 2000	„Wie geht's?“ „Danke schlecht.“ – Immer gut drauf sein?
13. 02. 2000	Arbeit ist das halbe Leben – und wenn du keine hast?
12. 03. 2000	Kirche 3000. Gottesdienst auf dem Holodeck?

02.04.2000	Das Kreuz mit dem Kreuz – Warum musste Jesus sterben?
24.09.2000	Wie steh'n die Aktien?
02.10.2000	Fit for fun – Sind wir zu sportlich für diese Welt?
12.11.2000	Ehe GmbH. Gesellschaft mit beschränkter Haftung
10.12.2001	Teuflisch gut – Das Böse ist immer und überall
21.01.2001	Seid furchtbar und wehret euch
11.02.2001	Give me 10 – fünf Jahre Kirche anders
11.03.2001	EntSCHULdigung – vergeben, vergessen, verzeihen?
01.04.2001	April April – Humor ist, wenn Gott trotzdem lacht
28.10.2001	Kinder an die Macht – Überlebenshilfen für Eltern
18.11.2001	Ich würde ja kommen, aber … Keine Zeit
09.12.2001	Der Herr der Dinge
20.01.2002	Du behinderst mich
17.02.2002	Glaube: was bringt's?
10.03.2002	Glaube: wie geht's?
14.04.2002	Partyservice *(fiel aus wegen Todesfall im Team)*

20.10.2002	Vater werden ist nicht schwer …
17.11.2002	Tut Wut gut?
22.12.2002	Power Putten – Engel im Weihnachtsstress

Kirche anders:
Zum Beispiel am 10. März 2002 zum Thema

„Glaube: wie geht's?"

Hintergrund: Drei Wochen zuvor gab es ein *Kirche anders* zum Thema „Glaube: was bringt's?". Beide Themen standen in einem erkennbaren Zusammenhang und sollten auch inhaltlich als Einheit aufeinander aufbauen. Nach der Klärung, was ich vom Glauben habe, sollte die Entscheidung zum Glauben kommen – und damit die Frage nach den ersten Schritten im Glauben. Wie geht Glauben? Kann man Glauben lernen? Was sind die wichtigsten Wegweiser und Hilfsmittel bei den ersten Schritten auf dem persönlichen Glaubensweg?

Gestaltung: Auf den Bistrotischen liegen neben den Kerzen und Infoblättern/Fragezetteln Brillen. Auf der Bühne steht das Ergebnis der letzten Predigt zum Thema „Glaube: was bringt's?": Eine große Brille mit diversen Stichworten auf Bügeln, Rahmen und Gläsern. Die Stichworte erläutern, was ich vom Glauben habe: Der Glaube stellt mich einerseits in den „weiten Raum Gottes" (linker Brillenbügel) und lässt mich andererseits meine „irdische Begrenztheit" erkennen (rechter Brillenbügel). Mit der Brille Gottes lerne ich, mit „Herz" und „Seele" zu sehen (beide Brillengläser), und habe somit vom Glauben in Gott einen himmlischen Vater, der mich liebt, der mich begleitet, der mir meinen Weg weist, mir seine Gemeinschaft, das Gebet und ganz viel Freude schenkt (alles Stichwörter für das Brillengestell). Den Besucher/innen des letzten *Kirche anders* waren die Stichworte vertraut, für die anderen gab es keinen unmittelbaren Anknüpfungspunkt.

Begrüßung der Ankommenden am Eingang …

Musik von DaB (Die anders Band) ab etwa 16.50 Uhr. Um 17.00 Uhr beginnt das *Kirche anders*-Lied. Die Moderatoren begrüßen die etwa 200 Gäste.

Theater „Glaubensgewissheit", geschrieben von Hartmuth Schröder,
Personen: Tochter (T – Ulrike Betz, 14 Jahre),
Vater (V – Hartmuth Schröder)
Die Tochter sitzt auf der Bühne und schreibt, der Vater sitzt etwas entfernt und liest Zeitung.

T Ich glaub' , ich steh im Wald. – Ich glaub', du spinnst.
Ich glaub', dass morgen die Sonne scheint.
Ich glaube an Gott!? – Na ja, glaube ich jedenfalls.

Ulrike Betz

Hartmuth Schröder

V (schaut vom Zeitungslesen auf) Sag mal, was murmelst du denn da vor dich hin?

T Ist nur die Hausaufgabe für Reli. Wir sollen lauter Sätze mit „glauben“ aufschreiben.

V Na, das ist ja wohl nicht allzu schwierig.

T Schwierig nicht, aber irgendwie merkwürdig. Schau mal, wenn ich z.B. sage *Ich glaub', ich steh im Wald,* dann meine ich doch damit …

V Dass du etwas nicht genau weißt.

T Genau, aber wenn ich sage *Ich glaube, du spinnst,* dann bin ich mir sicher, dass das so ist.

V Und warum?

T Na, weil du irgendetwas Blödes gesagt hast.

V Das glaubst du, aber vielleicht war es ja gar nichts Blödes und du glaubst nur, dass es blöd war.

T Stimmt auch wieder. Mmh, das heißt dann, immer wenn ich etwas nicht genau weiß, glaube ich nur, es zu wissen.

V So kann man das sagen.

T Aha (überlegt), sag mal, Papa, glaubst du an Gott?

V Natürlich, das weißt du doch.

T Ja, weil du es mir gesagt hast. Aber weiß ich das auch wirklich, dass du an Gott glaubst, oder glaube ich das nur?

V Ich denke, das weißt du, weil du mir glaubst.

T Und warum glaubst du an Gott?

V Na ja, einer muss ja alles geschaffen haben, die Erde und die Menschen und so. Und in der Kirche sagt der Pfarrer das ja auch.

T Und glaubt der das auch?

V Na hör mal, glaubst du, der Pfarrer lügt?

T Nee, eigentlich nicht, aber weiß der das auch, das mit Gott und so?

V Das glaube ich bestimmt. Schließlich hat der ja die Bibel studiert.

T Und weil er die Bibel studiert hat, weiß er jetzt, dass das richtig ist, was er glaubt?

V Ich glaube schon.

T Weißt du das jetzt oder glaubst du das nur?

V Ich weiß das und ich glaub' das auch.

T Aber Papa, beides zusammen geht doch nicht.

V Wieso nicht?

T Du hast mir doch vorhin selbst zugestimmt, als ich gesagt habe, glauben heißt, dass man etwas nicht genau weiß.

V Das soll ich gesagt haben?

T Ganz sicher, ich weiß das noch ganz genau.

V Nie im Leben. Ich glaub', du spinnst.

T Hey Papa, das glaubst du doch nur.

V Nee, ich glaube, das weiß ich!

Beide gehen ab, „Die anders Band" spielt.
Die Moderation leitet zur Predigt über.

Predigt: (Tobias Utter betritt im Anzug die Bühne, verhält sich wie ein Manager)

Tobias Utter

Glaube ist wertvoll

Glaube: wie geht's? (Überschrift auf der Stellwand links) Eine Einführung in die christliche Glaubenspraxis in 8 1/2 Einheiten. Doch bevor ich weitermache, lassen Sie uns zuerst über das Finanzelle reden. Was ist Ihnen denn ein lebendiger Glaube wert? Wie viel darf es kosten? Ein guter und professioneller Computerkurs wird nicht unter 600 € angeboten. Klaus Neumeier hat ihnen vor drei Wochen deutlich gemacht, dass es sich wirklich lohnt (Tobias zeigt auf Brille). Glaube ist wie eine

Brille, die es uns ermöglicht, die Welt mit Gottes Augen zu sehen. Also, was sind Sie bereit zu investieren? (Tobias geht von der Bühne ins Publikum) Ach, Sie dachten, weil das hier Kirche ist, sei das alles kostenlos. Sie oder einer Ihrer Nachbarn hätten mit der Kirchesteuer schon genug bezahlt. Ich muss Sie enttäuschen, der Glaube ist so kostbar und wertvoll, da reicht Ihr Geld nicht aus.

Glaube ist Geschenk

Allerdings ist Glaube überhaupt kein Produkt, das man kaufen oder verkaufen kann. Keine Fertigkeit, die man in einem Kursus lernen könnte. Glauben ist ein Geschenk von Gott, dazu noch ein unverdientes („Geschenk" an linke Stellwand heften).

Glauben wie geht's? Glauben kann man nicht lernen. Das Wort „Glaubenskurs" ist somit eigentlich eine Hochstapelei (Tobias zieht sein Jackett aus). Und das, was ich hier auf der Bühne mache, ist eine große Anmaßung. Ich kann Ihnen gar nicht sagen, wie der Glaube geht. Glaube ist ein Geschenk Gottes. Das war's. Aus, fertig. Die kürzeste Predigt in der Geschichte von *Kirche anders.* Was mach' ich jetzt mit dem angebrochenen Nachmittag? Ich könnte noch etwas joggen. Tschüss bis zum nächsten Mal (Tobias verlässt den Saal und zieht sich um).

(Klaus läuft ihm nach, Ulrike kommt verwirrt auf die Bühne und bittet die Band, irgendwas zu spielen. Sie will klären, wie es weitergehen soll. Band spielt: „Wieder hier")

Die Prägung

(Auftritt von Tobias in Joggingkleidung, Band wird unterbrochen) Entschuldigung, beim Umziehen ist mir eingefallen: Glaube ist nicht nur Geschenk. Zumindest in meinem Leben ist er auch ein Stück weit Prägung („Prägung" an linke Stellwand heften). Ich bin in den Glauben hineingewachsen. Evangelischer Kindergarten, Kindergottesdienst, Jungschar, Religionsunterricht, Konfirmandenunterricht.

Da ist bei mir von Kindheit an ein Urvertrauen auf Gott gewachsen. Daher fiel es mir vielleicht gar nicht so schwer, das Geschenk Glauben anzunehmen. Aber was ist, wenn diese Prägung fehlt?
Dann hilft wohl nur eins: Man muss versuchen, das Wissen nachzuholen, und sich mit dem gelebten Glauben vertraut machen. In diesem Zusammenhang machen Glaubenskurs, Bibel-Workshops und *Kirche anders* einen Sinn.

Die Willensentscheidung

Aber gut, jetzt kann ich mit dem Joggen beginnen (per Powerpoint: Bild vom Weg). Sie müssen wissen, Dauerlauf war die einzige Sportart in der Schule, wo ich wenigstens bescheidene Erfolge erzielte. Diese positiven Erinnerungen sind wohl der Grund, warum ich später mit dem Joggen angefangen habe. Eines Tages, als ich mir so richtig unsportlich und untrainiert vorkam, habe ich mich entschieden: Ich will Joggen. Diese Entscheidung … Moment einmal. Mit dem Glauben ist es doch genauso. Zu Geschenk und

Grundfolie: Vergleich des Glaubens mit Jogging

Prägung kommt auch noch die Willensentscheidung („Willensentscheidung“ an linke Stellwand). Auch in meinem Leben gab es die bewusste Willensentscheidung für den Glauben. Für die meisten in meinen Jahrgang markierte die Konfirmation ein vorläufiges Ende in Sachen Glauben und nicht etwa einen Anfang. Aber bei mir war das anders. Für mich war die Glaubensfrage bei der Konfirmation die bewusste Entscheidung für ein Leben mit Gott. Ja, ich will Glauben. In unserem Konfirmandenunterricht spielt heute diese Entscheidung eine wesentliche Rolle, besonders bei dem 10-tägigen Seminar, das man anstelle des Hauptkonfirmandenunterrichts wählen kann. Die bewusste Entscheidung gehört zum Glauben dazu, auch wenn das nicht der ganze Glaube ist, aber sie steht am Anfang. Eine Geschichte in der Bibel drückt ganz gut aus, was ich meine.
(Markus 9,14–27 in Auszügen: „Ich glaube, hilf meinem Unglauben!“)

Erzähler: Bei ihrer Rückkehr fanden Jesus, Petrus, Jakobus und Johannes die anderen Jünger zusammen mit einigen Schriftgelehrten mitten in einer großen Volksmenge. Die Schriftgelehrten hatten die Jünger in ein Streitgespräch verwickelt. Als die Leute Jesus sahen, liefen sie ihm aufgeregt entgegen und begrüßten ihn. Jesus fragte sie.

Jesus: „Worüber streitet ihr euch denn?“

E.: Einer aus der Menge antwortete:

Mann: „Herr, ich habe meinen Sohn hergebracht, damit du ihn heilst, denn er kann nicht sprechen, weil er von einem bösen Geist beherrscht wird. Ich habe schon deine Jünger angefleht, den bösen Geist auszutreiben; aber sie konnten es nicht.“

J.: „Wann wollt ihr endlich anfangen zu glauben? Wie lange muss ich noch bei euch sein, bis ihr das gelernt habt? Bringt das Kind her zu mir!“

E.: Sie brachten es. Als aber der böse Geist Jesus erkannte, schüttelte er den Jungen mit fürchterlichen Krämpfen. Der stürzte zu Boden, wälzte sich hin und her und der Schaum stand ihm vor dem Mund.

J.: „Wie lange leidet er schon darunter?"

M.: „Von Kindheit an. Habe doch Erbarmen mit uns! Hilf uns, wenn du kannst!"

J.: „Wenn ich kann?", meinte Jesus verwundert. „Alle Dinge sind möglich dem, der da glaubt."

E.: Verzweifelt bat ihn der Mann:

M.: „Ich will glauben. Aber hilf meinem Unglauben!"

Das halte ich für ganz wichtig. Wir können die Entscheidung treffen. Ich will glauben. Jesus, dir will ich vertrauen. Auf dich will ich mich verlassen, auch wenn es noch tausend Fragen und Zweifel in mir gibt. Ich werde von jetzt an davon ausgehen, dass es dich gibt, dass du mir helfen kannst und wirst. Bei dir werde ich den Sinn und die Bestimmung meines Lebens finden. Ich werde meine Leben so führen, dass es dir Freude macht. Diese Entscheidung verändert das Leben, sie zeigt Wirkung. Der Junge damals wurde gesund.

Die Zeit

Ich will joggen. Nach dieser Entscheidung muss ich mir vor allem erst einmal Zeit nehmen (per Powerpoint *Stoppuhr*). Joggen ist ein recht zeitaufwändiger Sport. Wenn ich in guter Form bin, laufe ich anderthalb bis zwei Stunden. Dazu kommt dann noch eine Ruhephase von einer dreiviertel Stunde. Gut, wenn man beginnt, sollte man es nicht übertreiben. Fürs Erste reichen 20 Minuten. Nach und nach sollte man es auf 40 Minuten erweitern. Der Glaube kostet vielleicht nicht Geld, aber ganz bestimmt Zeit. Ob ich dafür Zeit habe, das ist in erster Linie eine Frage der Priorität. Beim Glauben wie beim Jogging kommt es auf die

Regelmäßigkeit an. 3-mal in der Woche sollte man schon joggen. Für den Glauben ist es wichtig, dass man sich regelmäßig Zeit nimmt zum Beten. Es sollte zu einer festen Angewohnheit werden, eine bestimmte Zeit des Tages für das Gespräch mit Gott zu reservieren. Was die beste Tageszeit für Ihr Gespräch mit Gott ist, dass kann ich nicht wissen, denn das ist bei jedem anders. Die Gebetszeit kann sich im Laufe des Leben ändern. Ich empfehle Ihnen: Fragen Sie Gott: „Wann ist die richtige Zeit für uns beide?" Machen Sie ein Date mit Gott aus.

Der Ort

Aber zurück zum Joggen. Ich bevorzuge beim Joggen einige feste Strecken. Da weiß ich, was mich erwartet. Matsch oder fester Boden. Viele Menschen oder wenig. Ich kann die Laufzeiten vergleichen. Auch für meinen Glauben brauche ich feste Orte. Orte der Ruhe, wo ich vor Gott kommen kann. Eine Oase im Alltag (per Powerpoint *Oase*). Das kann ein Sessel in meiner Wohnung sein. Ein Stuhl in meinem Büro. Eine Kirche. Mein Auto. Zur Zeit rede ich mit Gott immer, bevor ich mit der Arbeit beginnen. Ich fahre so früh ins Büro, dass mir dafür eine Viertelstunde Zeit bleibt. Mein Stuhl im Büro um 7.30 Uhr, das ist meine Oase.

Wachsen durch tun

Wenn man regelmäßig joggt, dann stellt man schon nach einiger Zeit Veränderungen fest (per Powerpoint *Jogger*). Schnell steigert sich die Ausdauer. Das Allgemeine Wohlbefinden nimmt zu. Man kann besser schlafen usw. Man lernt, die Natur zu genießen. Freut sich an Erfolgen. Die Anstrengung verursacht Glücksgefühle. Doch das sind alles nur Worte. Verstehen kann man das erst, wenn man es tut. Jesus hat einmal gesagt: Wenn ihr meine Worte tut, dann werdet ihr merken, von wem ich gesandt bin. Ich glaube an Jesus. Das dies der richtige Glaube ist, kann ich Ihnen nicht beweisen, aber wenn Sie sich auf diesen Glauben einlassen, werden Sie Gottes Kraft in ihrem Leben spüren.

Zweifel/Krise oder der lange Weg

Zu den unangenehmen Momenten im Leben eines Joggers gehört die Begegnung mit Hunden (per Powerpoint *Hund*). Ein Urtrieb veranlasst sie mitzurennen. Große Hunde wollen immer nur spielen, sagen ihre Besitzer, und kleine Hunde sind Selbstmörder, denn sie laufen einem immer zwischen die Beine. Auch beim Glauben läuft nicht immer alles glatt. Es gibt Krisen, Momente, in denen man nicht mehr weiterweiß, in denen man sich bedroht fühlt. Man kommt außer Tritt. Doch dann ist es wichtig weiterzumachen. Nicht aufzugeben. Mein Trainer in der Schule hat gesagt: Beim Dauerlauf ist es nicht wichtig, wie schnell man ist, sondern dass man nie mit dem Laufen aufhört. Bei Glaubenskrisen rate ich dazu, alles vor Gott auszusprechen. Die Zweifel und Ängste, das Versagen aussprechen. Krisen gehören zum Leben. Im Glauben leiten sie meist einen Wachstumsprozess ein. Eine große Hilfe ist dann immer wieder das Gespräch mit anderen Gläubigen.

Die Gemeinschaft

Beim Joggen ist es gar nicht so einfach, einen Trainingspartner zu finden. Aber mit anderen Laufen macht Spaß (per Powerpoint *Gruppe von Menschen*). Gerne unterhalte ich mich auch mit anderen, die diesem Hobby nachgehen. Glauben, das bleibt meine persönliche Entscheidung. Das kann mir keiner abnehmen. Aber ich brauche dann meinen Glaubensweg nicht alleine zu gehen. Jesus selbst hat uns gesagt, dass wir uns in die Gemeinschaft der Glaubenden stellen sollen. Er hat versprochen, wenn nur zwei oder drei in seinem Namen zusammenkommen, dann wird er dabei sein. Vielleicht haben Sie noch nicht die richtige Gruppe oder Gemeinden gefunden. Geben Sie nicht auf. Gott hat auch für Sie eine Gruppe von Menschen ausgesucht, die Sie auf ihrem Glaubensweg begleiten sollen.

Das Mentoring

Wenn man einige Zeit Sport treibt, dann stößt man irgendwann an seine Grenzen. Dann kann man sagen. „O.K. ich bin nur ein Freizeitsportler. Das reicht mir.“ Oder man sucht sich einen Trainer (per Powerpoint *eine Person*). Der berät einen dann, wie man noch mehr aus sich herausholen kann. In der Kirche nannte man das früher einen Seelsorger. Doch leider denken die meisten bei diesem Wort nur noch an schwerste Krisensituationen und nicht mehr an das ganz normale Leben. Daher sprechen auch in der Kirche immer mehr von Mentoring und von Mentoren. Ihre Pfarrerin oder Ihr Pfarrer könnte Ihr persönlicher Glaubensberater werden. Ein merkwürdiger Gedanke? Wenn es ums Geld geht oder die Altersicherung, lassen sich die meisten von uns beraten. Warum nutzen wir in Glaubensdingen nicht das Wissen und die Erfahrung der Fachleute? Natürlich eignen sich auch andere Mitglieder der Kirche zum Mentor. Mancher muss diese Gabe bei sich erst noch entdecken.

Die Entscheidung

Joggen ist kein virtueller Sport. Alles Nachdenken darüber ersetzt nicht das Tun. Ich kann Nächte lang vor dem Fernseher die Olympiade anschauen, doch selber Sport zu treiben, ist etwas ganz anderes. Und trotzdem, wenn es regnet und schneit, dann gehört schon

viel Überwindung dazu, rauszugehen. Den inneren Schweinehund überwinden, obwohl man doch gerade so entspannt Fernsehen schaut. Beten, obwohl doch so vieles wichtiger erscheint, auf Gott hören und dem Lärm entfliehen.
Ich weiß nicht, wo sie sich auf Ihre Glaubenweg befinden (per Powerpoint *großes Fragezeichen*). Ob Sie vielleicht noch mehr wissen müssen. Dann kommen Sie doch noch ein paar Mal zu *Kirche anders.* Oder besuchen Sie einen Hauskreis, wo Sie Ihre Fragen stellen können. Ulrike Mey fängt gerade jetzt einen neuen Gesprächskreis an.
Glauben kann man nicht machen. Er ist ein wunderbares Geschenk von Gott. Und dennoch können Sie den ersten Schritt tun. Vielleicht ist heute der Tag, an dem Sie sich entscheiden (per Powerpoint Fragezeichen durch Ausrufezeichen ersetzen). Dann werden wir Ihnen auch die Gelegenheit geben, dies heute zu tun. Sie können sich heute entscheiden. So können zu Jesus kommen und beten: „Ich

fertiges Bild

will glauben. Hilf meinem Unglauben." Mancher hat vielleicht das Bedürfnis, die Entscheidung, die er schon vor langer Zeit getroffen hat, heute zu bekräftigen (lateinisch: konfirmieren), zu bestätigen. Auch das ist möglich. Beim Jugendgottesdienst *Heartburn* letzten Sonntag wurden zwei Jugendliche getauft. Wenn Sie noch nicht getauft sind und bei *Kirche anders* getauft werden möchten, auch dies lässt sich machen, allerdings nicht heute.
Glaube: wie geht's? Indem Sie sich auf den Weg machen. Den ersten Schritt gehen. Die Entscheidung treffen: „Ich will glauben!"

Band: Ruhiges Stück, dabei Zeit, um Zettel für „Frage & Antwort" und die Fürbitten zu schreiben.

Frage & Antwort:

Ankündigungen (*Kirche anders*-special im April, Füttern der Pandabären mit Fragezetteln und Geld, *Café anders*)

Gebete: Verlesen der Fürbitten und Gebet zur Predigt von Tobias Utter.

Lied „Rückenwind" – vorgetragen von Jan Schmitt am Klavier und Bastian und Miriam Schröder an der Gitarre und Gesang. Der Text ist an die Leinwand projiziert.

Segenswort der Moderatoren

Band zum Ausgang

Café anders